Sehen · Staunen · Wissen

# OZEANE

Nacktkiemer-
schnecke
*Tritonia*
*hombergi*

Rotalge (mit
Grünalgenauf-
wuchs)

Krake

Sepia

Fischkutter

Maskenkrabbe
(Antennenkrebs)

Eberfisch

Sehen · Staunen · Wissen

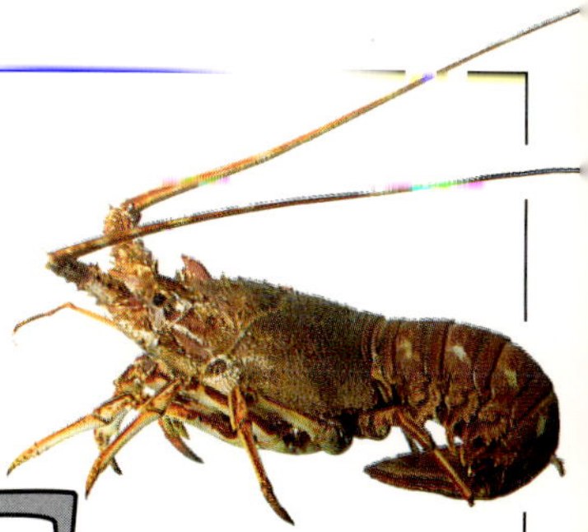
Europäische Languste

# OZEANE

Die Weltmeere und ihre unermeßliche Bedeutung für Pflanzen, Tiere und den Menschen

Text von Miranda MacQuitty
Fotos von Frank Greenaway

Seeschmetterling

Knolliger Kalktang

Eßbarer Seeigel

Gerstenberg Verlag

Mikroskop (Ende 18.Jh.)

Gemeiner Seestern

Ein Pergamentwurm in seiner Röhre

Roter Kissenstern

Miesmuschelschalen

Die Deutsche Bibliothek – CIP-Einheitsaufnahme

**Ozeane:** die Weltmeere und ihre unermessliche Bedeutung für Pflanzen, Tiere und den Menschen / Text von Miranda MacQuitty. Fotos von Frank Greenaway. [Aus dem Engl. übers. und bearb. von Margot Wilhelmi]. –
Hildesheim: Gerstenberg, 1996
(Sehen, Staunen, Wissen)
Einheitssacht.: Ocean <dt.>
ISBN 3-8067-4478-5
NE: MacQuitty, Miranda; Greenaway, Frank;
Wilhelmi, Margot [Übers.]; EST

Roter Kissenstern

Ein Dorling-Kindersley-Buch
Originaltitel: Eyewitness Guides: Ocean

Lektorat: Marion Dent, Gillian Denton
Recherche: Céline Carez
Layout und Gestaltung: Jane Tetzlaff, Julia Harris
Herstellung: Catherine Semark
Bildredaktion: Kathy Lockley
Dank für Unterstützung an: The University Marine Biological Station (Schottland) und Sea Life Centres (Großbritannien)

Aus dem Englischen übersetzt und bearbeitet von
Margot Wilhelmi, Sulingen


Satz: Gerstenberg Druck GmbH, Hildesheim
Printed in Singapore
ISBN 3-8067-4478-5

Objektträger mit Mikropräparaten

Sonnenstern

Muschelsammlung (England, 19.Jh.)

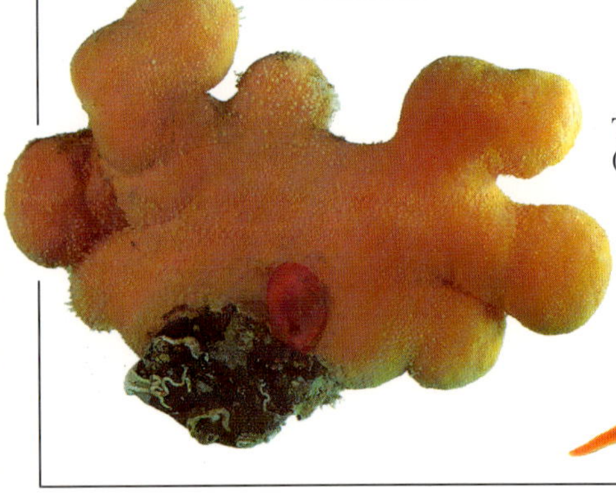

Tote Mannshand (Korkpolyp)

Blutstern

Junger Seehase

Präparateglas mit Kaiserhummer

# Inhalt

Bunter Furchenkrebs

# Urzeitliche Meere

Das heutige Gesicht unseres blauen Planeten Erde mit seinen ungeheuren Wassermassen ist erst im Laufe der letzten 200 Mio. der 4,5 Mrd. Jahre der Erdgeschichte entstanden. Immer wieder drifteten Kontinente über den Erdball, hoben und senkten sich Landmassen, verschwanden alte Meere und entstanden neue. Als Wasserdampf war Wasser schon in der Atmosphäre der jungen Erde vorhanden. Als sich die Erde dann abkühlte, kondensierte der Wasserdampf zu mächtigen Wolken, aus denen der Regen sintflutartig auf die Erde herabfiel und die Meere füllte. Alles Leben stammt aus dem Meer. Vor etwa 3,3 Mrd. Jahren traten die ersten einfachen Lebewesen auf, später entwickelten sich höhere Lebensformen, und mit den Meeren änderte sich auch das Leben in ihnen. Viele einstige Meereslebewesen sind mittlerweile ausgestorben, doch einige urzeitliche Lebensformen findet man noch heute mehr oder weniger unverändert.

**VERKEHRTE WELT**
*Wiwaxia* lebte vor etwa 530 Mio. Jahren auf dem Boden des Meeres, doch dieses Fossil fand man hoch oben in den Bergen der kanadischen Rocky Mountains. Das zeigt, wie sehr das Gesicht der Erde sich seither verändert hat: Einstiger Meeresgrund bildet heute Berggipfel.

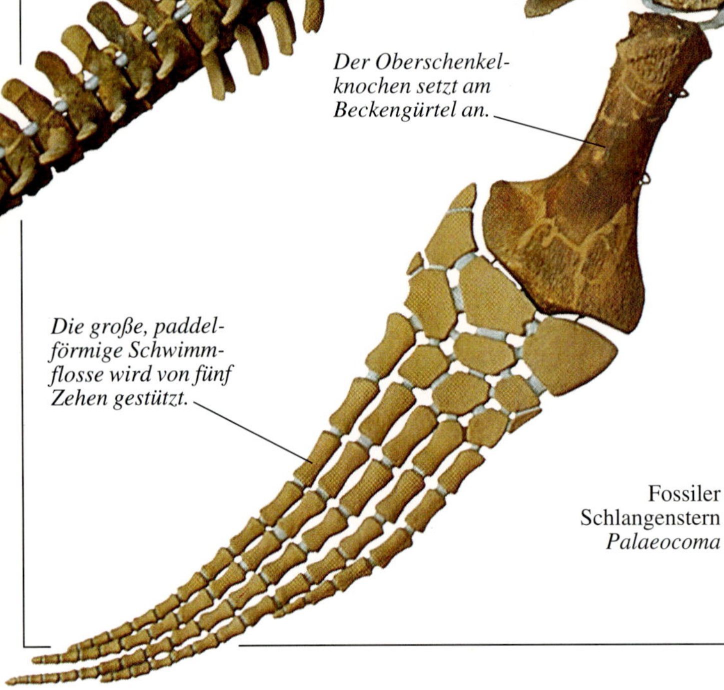

Fossiler Schlangenstern *Palaeocoma*

**DAMALS WIE HEUTE**
Dieser 180 Mio. Jahre alte fossile Schlangenstern (links) hat große Ähnlichkeit mit seinem heute lebenden Verwandten (oben). Bei den Schlangensternen gehen von einer kleinen runden Zentralscheibe fünf zarte, zerbrechliche Arme aus.

**ALTE KORALLE**
Im Gegensatz zu den verwandten Seeanemonen und Quallen sind Korallen aufgrund ihres harten Kalkskeletts fossil gut belegt. Dieses Korallenfossil ist 400 Mio. Jahre alt. Die Skelette der winzigen Einzeltiere der Koralle sind untereinander verbunden wie die Glieder einer Kette.

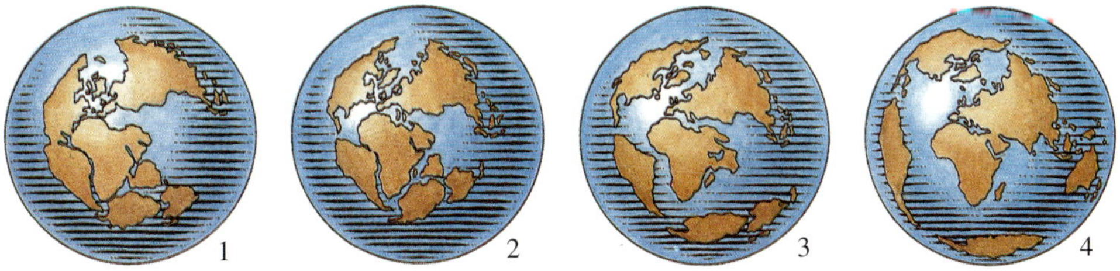


**MEERE IM WANDEL**
Vor 290 bis 240 Mio. Jahren umgab ein gewaltiger Ozean (Panthalassa) den riesigen Kontinent Pangäa (1). Gegen Ende dieser Zeit starben viele Lebewesen aus, Pangäa brach auseinander, ein Teil driftete nach Norden, der andere nach Süden. Dazwischen entstand das Tethys-Meer.

**KONTINENTALDRIFT**
Der Nordkontinent teilte sich vor 208 bis 146 Mio. Jahren, der Nordatlantik entstand (2). Der südliche Atlantik und der Indische Ozean entstanden vor 146 bis 65 Mio. Jahren (3). Die Kontinente drifteten weiter auseinander (Bild 4: vor 1,64 Mio Jahren). Noch heute verbreitert sich der Atlantik jährlich um einige Zentimeter.

**MEERESREPTILIEN**
Die ersten Reptilien waren Landtiere, doch später entwickelten einige von ihnen Anpassungen an das Leben im Meer. Zu den bekanntesten Meeresreptilien zählen die Plesiosaurier. Sie traten erstmals vor etwa 200 Mio. Jahren auf. Mit ihren zu Flossen umgewandelten Beinen schwammen sie wie heute die Meeresschildkröten. Vor etwa 65 Mio. Jahren starben sie zusammen mit landlebenden Dinosauriern aus. Von den heutigen Reptilien leben nur noch die Meeresschildkröten und die Seeschlangen im Meer.

**SEELILIE**
Ein vollständiges Seelilienfossil ist ein seltener Fund, wenngleich diese Tiere einst in großer Zahl am Meeresgrund lebten. Das Skelett aus vielen kleinen Knochenplatten fiel nach dem Tod des Tieres meist auseinander. Man findet Seelilien auch heute noch in Tiefen von unter 100 m, allerdings in weitaus geringerer Zahl als in den Urmeeren. Seelilien sind mit den Federsternen verwandt, doch anders als diese meist am Meeresgrund festgewachsen. Die Arme sind um einen sich nach oben öffnenden Mund angeordnet.

**AUSGESTORBEN**
Die einst zu den häufigsten Tieren des Meeres zählenden Trilobiten traten erstmals vor etwa 510 Mio. Jahren auf. Diese Spinnenverwandten hatten ein gegliedertes Außenskelett wie Insekten und Krebse. Vor 250 Mio. Jahren starben sie aus.

# Meere heute

Fetzenfisch

Alle Meere der Welt sind miteinander verbunden und bilden letztlich ein großes Weltmeer. Nicht nur Ozeane, auch die kleineren Randmeere wie das Mittelmeer oder das Rote Meer haben Verbindung zu den weltumfassenden Wassermassen. Zwei Drittel unseres Planeten sind von Wasser bedeckt, und 97% allen Wassers auf der Erde sind Meerwasser. Die Temperatur des Meerwassers unterscheidet sich je nach Breitengrad und Tiefe. In den Polarregionen ist das Oberflächenwasser viel kälter als in den Tropen, und je größer die Wassertiefe, desto kälter ist das Wasser. Auch der Salzgehalt ist in den einzelnen Meeren ganz unterschiedlich. Am salzigsten ist das von Wüsten umgebene Rote Meer, in das kaum Süßwasser gelangt und in dem die Verdunstungsrate hoch ist. Am wenigsten salzig ist die Ostsee, in die viele Flüsse Süßwasser eintragen. Der Meeresboden ist ebenso vielgestaltig wie das Land. So gibt es untermeerische Gebirge, Hochebenen, Tiefebenen und Gräben.

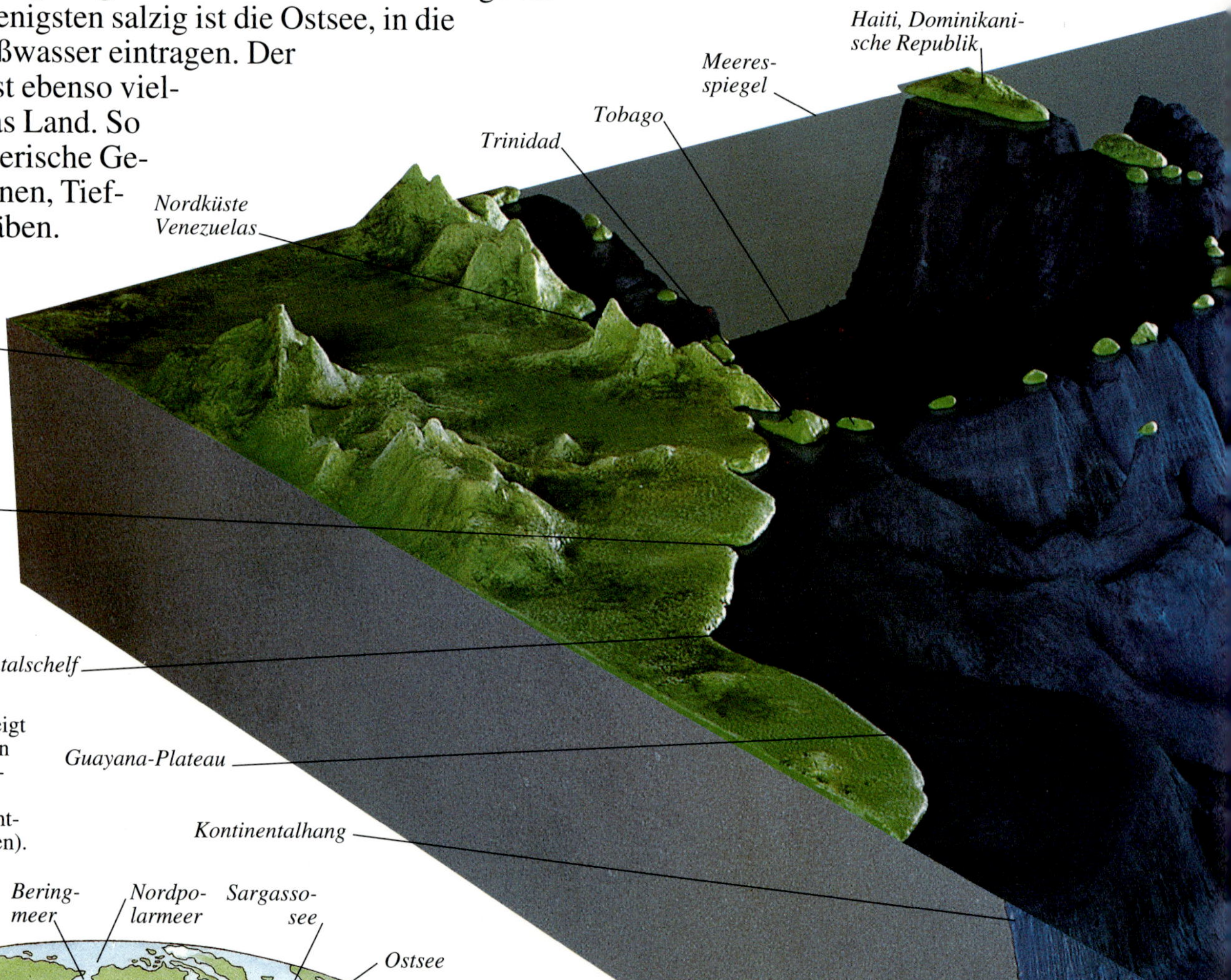


Das Modell (rechts) zeigt einen Schnitt durch den Meeresboden der östlichen Karibik. Es entspricht dem roten Rechteck auf der Karte (unten).

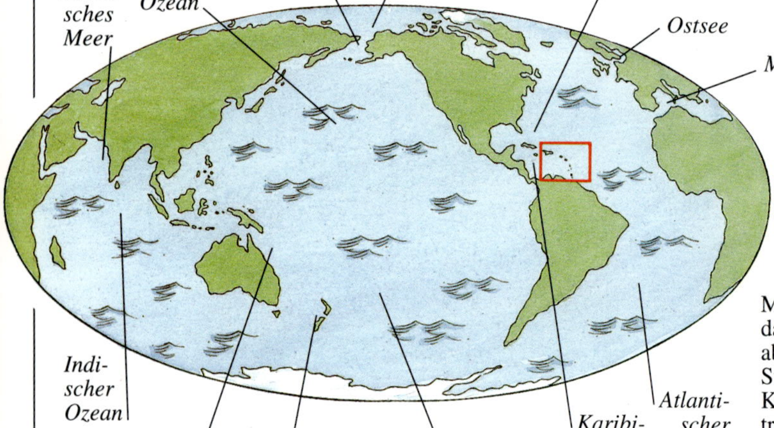


**MEER DER MEERE**

Das größte der fünf Weltmeere ist der Pazifik. Es folgen Atlantik, Indischer Ozean, Süd- und Nordpolarmeer. Der Pazifik ist mit 166 Mio. km² etwa 13mal so groß wie das Nordpolarmeer. Die Mitte des Nordpolarmeers ist ständig von Eis bedeckt, das im Winter dicker wird und im Sommer wieder etwas abschmilzt. Auch etwa die Hälfte des Südpolarmeers ist im Südwinter zugefroren, und auch im Sommer säumt Meereseis den Kontinent Antarktika. Die durchschnittliche Tiefe der Ozeane beträgt 3650 m. Die tiefste Stelle befindet sich im Marianengraben östlich der Philippinen im Pazifik (11.033 m).

Auf dem Toten Meer kann man sich treiben lassen, ohne unterzugehen.

**MEER ODER SEE?**
Das Tote Meer ist salziger als jeder Ozean, weil das zufließende Wasser in der Hitze der Wüstensonne verdunstet und das Salz zurückbleibt. Das Salzwasser mit seiner hohen Dichte trägt einen Körper besonders gut. Aber das Tote Meer ist kein Meer, sondern, da ganz von Land umgeben, ein großer See. Es besteht keine Verbindung zu den Weltmeeren.

**WASSERGOTT**
Der römische Meeresgott Neptun wird oft mit Dreizack auf einem Delphin reitend dargestellt. Da er auch als Herr über das Süßwasser galt, brachte man ihm besonders in Trockenzeiten Opfer dar.

**UNTERTAUCHEN**
Wo die Platten der Erdkruste auseinanderdriften, dringt Magma aus dem Erdinneren nach oben, und es entsteht neuer Meeresboden. Wo zwei Platten aufeinandertreffen, schiebt sich die eine unter die andere. Entlang einer solchen Subduktionszone (hier dargestellt am Marianengraben) bilden sich Vulkaninseln.

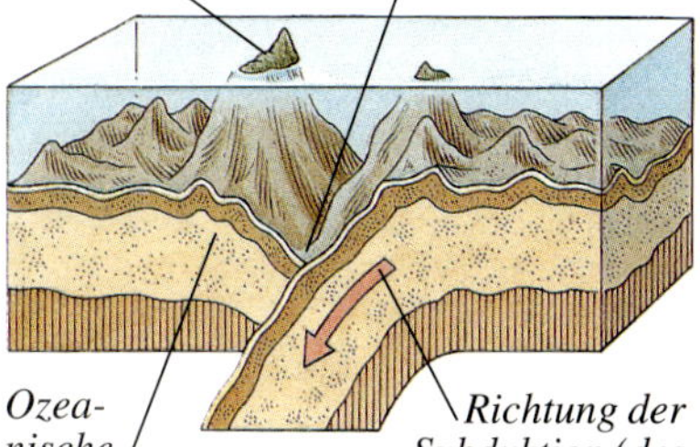


Entstehung des Marianengrabens

**DER MEERESBODEN**
Dieses Modell zeigt den atlantischen Meeresboden vor der Küste Südamerikas von Guyana bis Venezuela. Vor der Küste liegt das Kontinentalschelf, eine Region mit relativ flachem Wasser (bis 200 m tief). Es ist hier etwa 200 km breit, vor der Küste Nordasiens beträgt seine Breite 1600 km. Am äußeren Rand des Kontinentalschelfs fällt der Meeresboden am Kontinentalhang steil ab. Am Grund des Abhangs sammeln sich Ablagerungen, die im Land abgetragen und von Flüssen wie dem Orinoco ins Meer geschwemmt werden. Von hier aus dehnt sich der Meeresboden in Ebenen aus, die von einer dicken Sedimentschicht bedeckt sind (Tiefsee- oder abyssale Ebenen). Im Puerto-Rico-Graben schiebt sich eine Erdkrustenplatte (tektonische Platte) unter eine andere (die nordamerikanische unter die karibische). Entlang dieser Subduktionszone ziehen sich Vulkaninseln. Die Bruchzonen (Verwerfungszonen) sind Ausläufer des Mittelatlantischen Rückens.

# Leben im Meer

Blutstern

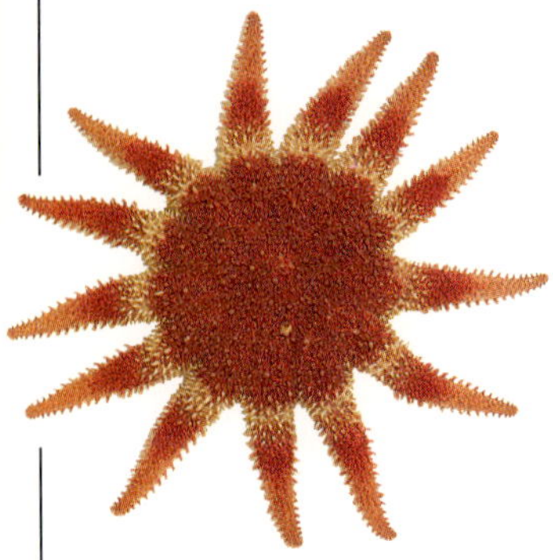

Gewöhnlicher Sonnenstern

**STRANDLEBEN**
Seesterne findet man an der Küste, aber auch in tieferem Wasser. Küstenbewohner müssen das Trockenfallen ihres Lebensraums überstehen können oder in Gezeitentümpeln Zuflucht suchen. In der oberen Küstenzone leben daher nur die widerstandsfähigsten Pflanzen und Tiere.

Vom Strand bis hinunter zur Tiefsee bietet das Meer einer Vielzahl unterschiedlicher Lebewesen eine Heimat. Tiere sitzen und kriechen am Meeresgrund oder schwimmen oder treiben frei im Wasser. Pflanzen findet man nur dort, wo es genug Licht zum Wachsen gibt. Sie treiben in höheren Wasserzonen oder leben fest verankert im Flachwasser. In diesen sonnigen oberen Zonen, in denen das Nahrungsangebot groß ist, findet man auch die meisten Tiere. Diejenigen, die schwimmen können, bleiben oft nicht in einer Zone. So taucht der Pottwal z.B. über 500 m tief nach Tintenfischen und kehrt zum Atmen an die Oberfläche zurück. Einige Bewohner der kalten Tiefsee (z.B. den Grönlandhai aus dem Atlantik) findet man auch in den kalten Oberflächengewässern der Polarregionen. Über 90% aller Arten leben am Meeresgrund. Auf einem einzigen Felsen sitzen oft Vertreter mehrerer Tiergruppen wie Korallen, Weichtiere und Schwämme. Die meisten Meereslebewesen stammen von meeresbewohnenden Ahnen ab, doch einige Gruppen, so die Wale und die Seegräser, haben landlebende Vorfahren.

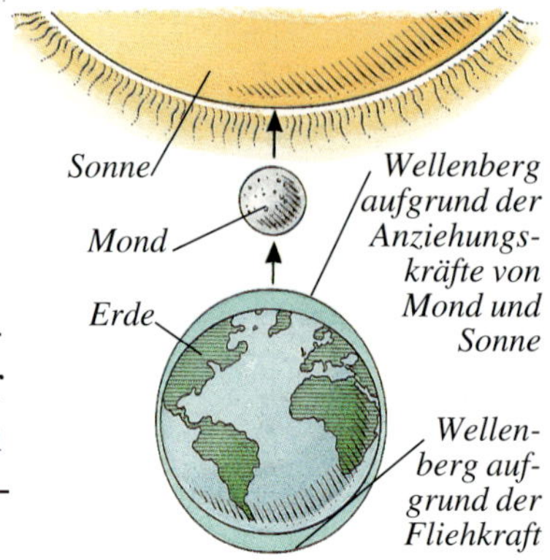


**EBBE UND FLUT**
Die Anziehungskraft des Mondes auf die Wassermassen der Erde bedingt die Gezeiten, d.h. das Ab- bzw. Auflaufen des Wassers in bestimmten zeitlichen Abständen. Auf der mondabgewandten Seite entsteht ein ähnlicher Wellenberg durch die Wirkung der Fliehkraft. Da sich die Erde einmal am Tag um ihre eigene Achse dreht, gibt es zweimal am Tag Hochwasser („Flut"). Das höchste Hoch- und das niedrigste Niedrigwasser (Springtide) treten ein, wenn Mond, Sonne und Erde in einer Linie liegen (bei Vollmond und bei Neumond).

**TINTENFISCH**
Die im Meer recht häufigen Kalmare gehören zu den Tintenfischen. Wie Fische treten sie oft in Schwärmen auf. Mit ihren Torpedokörpern können sie pfeilschnell durchs Wasser schießen.

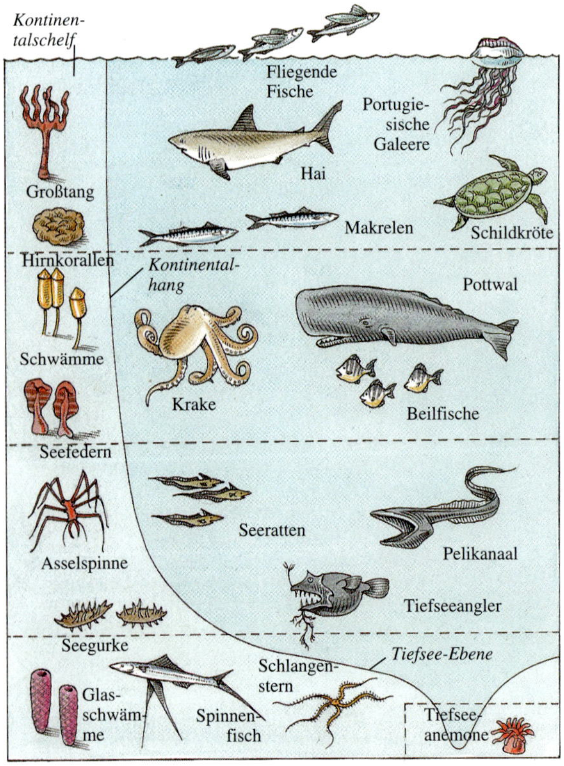


Hinweis: Zonen und Lebewesen sind nicht maßstabsgetreu abgebildet!

Lichtreiche (euphotische) Zone (Epipelagial) 0–200 m

Dämmerzone (Mesopelagial) 200–1000 m

Dunkelzone (Bathypelagial) 1000–4000 m

Abyssopelagial 4000–6000 m

Tiefseegraben tiefer als 6000 m

*Der tiefseebewohnende Schwellhai* Apristurus kampae *wird nur etwa 50 cm lang.*

**DIE ZONEN DES MEERES**
In der euphotischen Zone (Epipelagial) gibt es viel Licht, starke Wasserbewegungen und jahreszeitliche Temperaturschwankungen. In das darunterliegende Mesopelagial fällt nur noch wenig Licht, es ist dämmrig. Hier fällt die Temperatur schnell auf etwa 5 °C. Im lichtlosen Bathypelagial herrscht ewige Dunkelheit, und die Temperaturen betragen nur 1 bis 2 °C. Darunter liegt das noch kältere Abyssopelagial. Am tiefsten ist das Meer in den Tiefseegräben. Die Temperaturen liegen hier nur knapp über dem Gefrierpunkt. Auch den Meeresboden kann man in verschiedene Zonen einteilen: von der Gezeitenzone über das Kontinentalschelf und den Kontinentalhang bis hinunter zur Tiefsee-Ebene und zum Tiefseegraben.

## RIESE AM MEERESGRUND

Bis über 2 m hoch ragt der baumförmige Polyp *Branchiocerianthus imperator* vom Meeresboden in die Höhe. Dieser riesige Vertreter der Anthomedusen wurde 1875 entdeckt, als das Forschungsschiff *Challenger* vor der japanischen Küste ein Exemplar an Bord zog. 1985 gelangen dem japanischen Tauchboot *Shinkai 2000* erste Aufnahmen vom lebenden Tier. *Branchiocerianthus* fängt mit seinen langen Tentakeln bis zu 2 cm große vorbeitreibende Beute. Im Pazifik hat man den Riesenpolypen in Tiefen von 50 bis 5300 m gefunden, ebenso im Atlantik. Im Gegensatz zu anderen Vertretern der Anthomedusen lebt er nicht in Kolonien, sondern allein.

## RIESENTANG

Der Birntang (*Macrocystis pori-fera*) ist im Meeresboden verankert. Von einem stammartigen Abschnitt gehen lange blattartige Gebilde ab. Am Grund eines jeden Blattabschnitts sitzt eine gasgefüllte Blase, die den Wedeln Auftrieb verleiht. Ausgebreitet an der Wasseroberfläche schwimmend, kann der Tang die größtmögliche Sonnenlichtmenge für die Photosynthese nutzen. Der Birntang wächst täglich 30 cm! An der nordamerikanischen Pazifikküste bietet er u.a. dem Seeotter einen Lebensraum. Aus dem Birntang gewinnt man eine Art Gelatine, die als Verdickungsmittel in Speisen (z.B. Eiskrem) verwendet wird.

Modell der größten bekannten Anthomeduse (*Branchiocerianthus imperator*)

## TIEFSEEHAI

Unter einem Hai stellen sich die meisten Menschen ein blutrünstiges Wesen vor, doch dieser Schwellhai (*Apristurus kampae*) aus dem Pazifik ist harmlos. Haie haben keine Schwimmblase, die ihnen Auftrieb im Wasser gibt, und können daher gut am Meeresgrund leben. Für einen gewissen Auftrieb sorgt die fettreiche Leber.

## EISMEER

Es gibt zwei Arten von Meerwassereis: Packeis bildet sich an der Oberfläche der offenen See (wie hier in der kanadischen Hudson Bay), festes Eis entsteht zwischen Land und Packeis. Aufgrund des Salzgehaltes friert Meerwasser bei tieferen Temperaturen als Süßwasser. Da kaltes Wasser absinkt und von wärmerem verdrängt wird, dauert es lange, bis Meerwasser zu Eis wird. Eisberge sind riesige Bruchstücke von Süßwassereis der polaren Eisschilde und Gletscher.

# Wind und Wellen

Meerwasser ist ständig in Bewegung. So können Winde das Oberflächenwasser zu 15 m hohen Wellen auftürmen. Eine wichtige Rolle spielen die Passatwinde, die Richtung Äquator wehen. Sie bringen kaltes Wasser aus den Polargebieten in wärmere Regionen und umgekehrt. In Abständen unterbricht ein besonderes Wetterphänomen das normale Weltwettergeschehen – El Niño, d.h. „(Christ-)Kind" (weil es meist zu Weihnachten auftritt): Dann verhindert plötzlich ein entlang der Küste Perus südwärts fließender warmer Strom, daß kaltes, nährstoffreiches Wasser aufsteigt, und beeinträchtigt Planktonwachstum und Fischreichtum. Die Wärme aus den Meeren führt zu Luftbewegungen – von tropischen Wirbelstürmen bis zum täglichen Wechsel zwischen See- und Landwind an der Küste. Dieser Wechsel beruht darauf, daß sich das Meer tagsüber viel langsamer erwärmt und nachts langsamer abkühlt als das Land. Somit strömt kühle Meeresluft landwärts. Nachts ist es genau umgekehrt.

**WASSERHOSE**
Luft wirbelt von einer Sturmwolke auf das Meer, Wasser wird entgegengesetzt drehend hochgesogen.

2. Tag: Gewitter als Wolkenwirbel

4. Tag: Winde sind stärker geworden.

7. Tag: Wirbelsturm

**STRÖME IM MEER**
Im Weltmeer bewegen sich gewaltige Wassermassen in großen Stromsystemen. Der Verlauf dieser Meeresströmungen entspricht nicht genau der Richtung der Windsysteme. Sie werden von den Landmassen und von der durch die Drehung der Erde verursachten Corioliskraft abgelenkt. Letztere bewirkt, daß die Strömungen auf der Nordhalbkugel nach rechts und die auf der Südhalbkugel nach links abgelenkt werden. Einige Strömungen werden durch unterschiedliche Wasserdichte hervorgerufen.

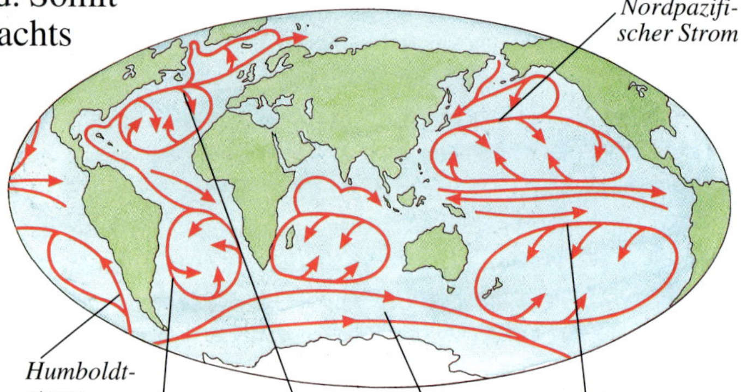


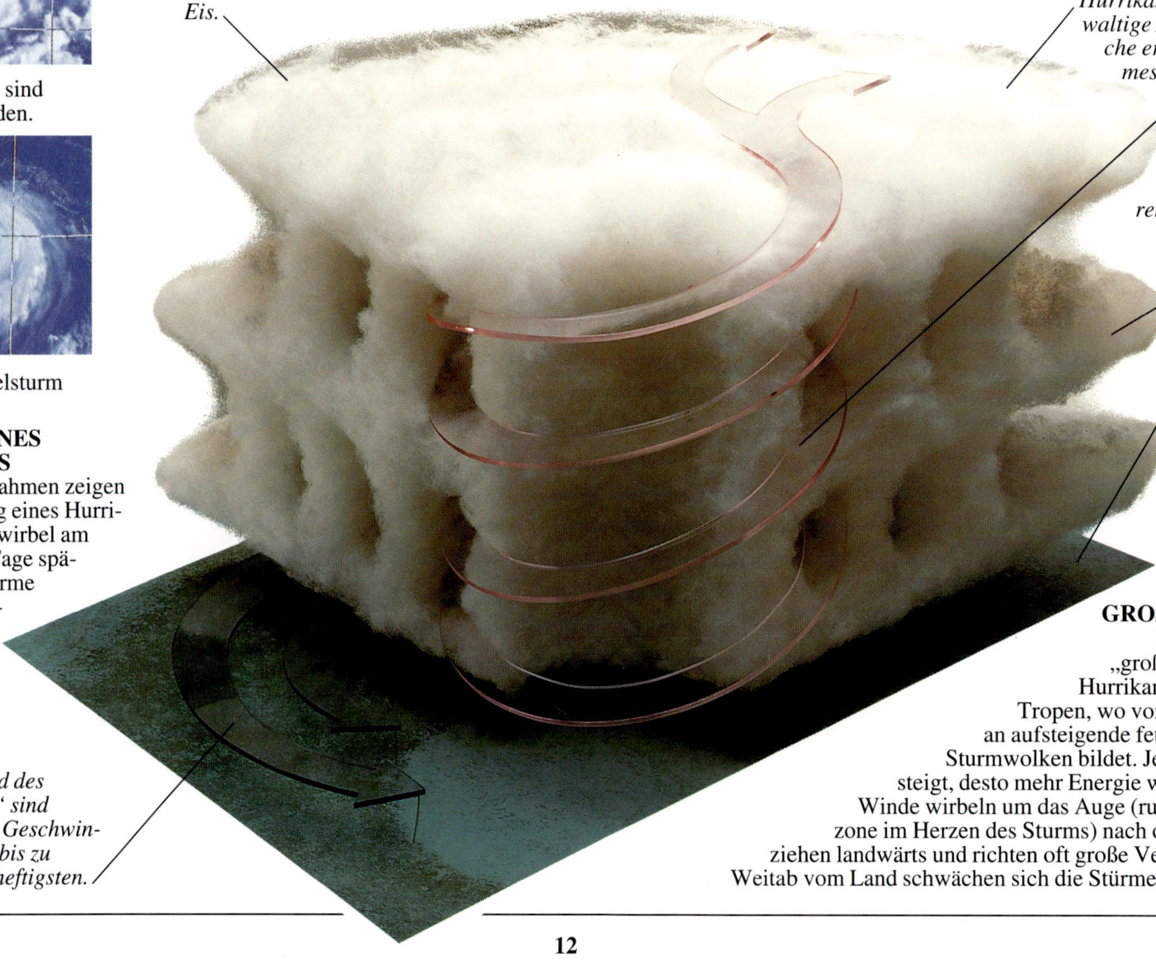


**GEBURT EINES HURRIKANS**
Satellitenaufnahmen zeigen die Entstehung eines Hurrikans: Wolkenwirbel am 2. Tag, zwei Tage später heftige Stürme im Wirbelzentrum, am schlimmsten ist es am 7. Tag.

**GROSSER STURM**
Ein Taifun (jap. „großer Wind") oder Hurrikan entsteht in den Tropen, wo vom warmen Ozean aufsteigende feuchtwarme Luft Sturmwolken bildet. Je mehr Luft aufsteigt, desto mehr Energie wird frei: heftige Winde wirbeln um das Auge (ruhige Tiefdruckzone im Herzen des Sturms) nach oben. Hurrikane ziehen landwärts und richten oft große Verwüstungen an. Weitab vom Land schwächen sich die Stürme mit der Zeit ab.

## IN DER BRANDUNG

Die höchsten Wellen werden von Winden aufgetürmt, die weit über das Meer wehen, ohne daß Landmassen sie bremsen. So treffen auf die Südwestküste Englands besonders hohe Sturmwellen, weil sie sich über den ganzen Atlantik aufbauen können. An die Küste brandende Brecher unterspülen die Küstenklippen, so daß diese schließlich abbrechen und ins Meer stürzen.

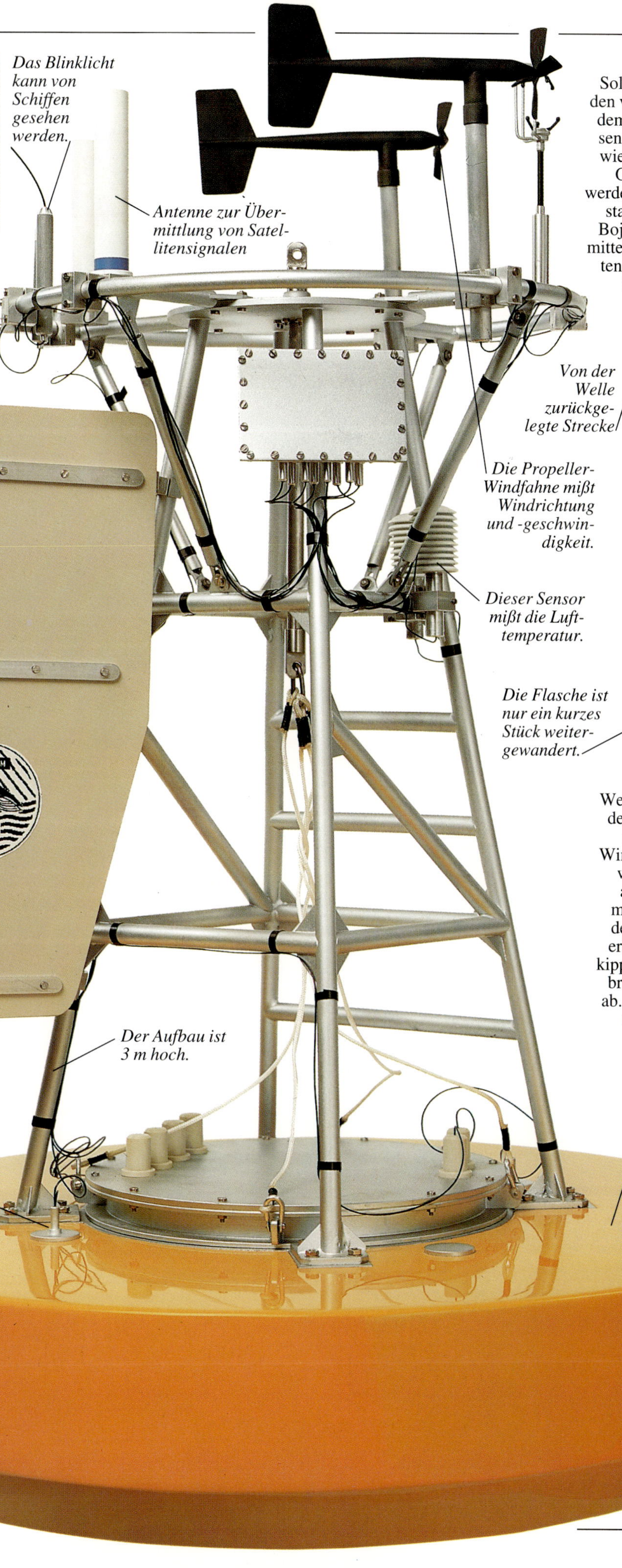


Boje zur Wind- und Temperaturmessung

## BEOBACHTUNGSBOJE

Solche Bojen sind am Meeresboden verankert und schwimmen auf dem Meer. Ihre Instrumente messen Windstärke und -richtung sowie die Temperatur von Luft und Oberflächenwasser. Die Werte werden über Satellit zu einer Landstation übertragen. Die Lage der Boje kann anhand der Signale ermittelt werden, die sie zum Satelliten sendet. Aus der Nähe können Schiffe die Daten empfangen.

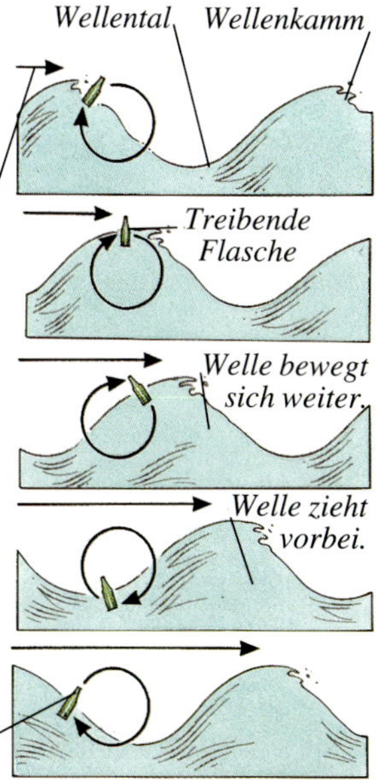


## WELLEN SCHLAGEN

Wellen entstehen durch Reibung des Windes an der Wasseroberfläche. Während die Welle in Windrichtung vorwärtsgetrieben wird, bewegt sich das Wasser, aus dem sie besteht, kaum. Es macht eine Kreisbewegung (an der treibenden Flasche oben zu erkennen). Bei stärkerem Wind kippen die Wellen oben über und brechen in schäumender Gischt ab. Wellen, die vom Wind an einen Strand getrieben werden, brechen in flachem Wasser.

# Sand und Schlick

In flachen Küstengewässern, vom Strand bis zum Rand des Kontinentalschelfs, werden Sand und Schlamm vom Land ins Meer gespült. So entstehen ausgedehnte untermeerische Sand- und Schlickebenen, die Wüsten gleichen. Feinerer Schlick setzt sich in ruhigem Wasser ab. Wo es keine Felsen gibt, wachsen kaum Algen. Da hier Deckung für Tiere fehlt, vergraben sich viele zum Schutz vor Feinden im weichen Meeresboden. Einige Würmer bauen sich Röhren, in denen sie sich verbergen. Sie schieben nur zum Einstrudeln von Nahrung einen Tentakelfächer ins Wasser. Andere Würmer wie die Seemaus kriechen auf der Suche nach Nahrung über den Meeresboden. Flundern und andere Plattfische findet man häufig auf sandigem Grund, wo sie nach Nahrung wie kleinen Fischen oder Garnelen, Pfauenwürmern und anderen Wirbellosen suchen. Diese Doppelseite zeigt Tiere, die in den Küstengewässern des Atlantischen Ozeans, u.a. auch in der Nordsee, leben.

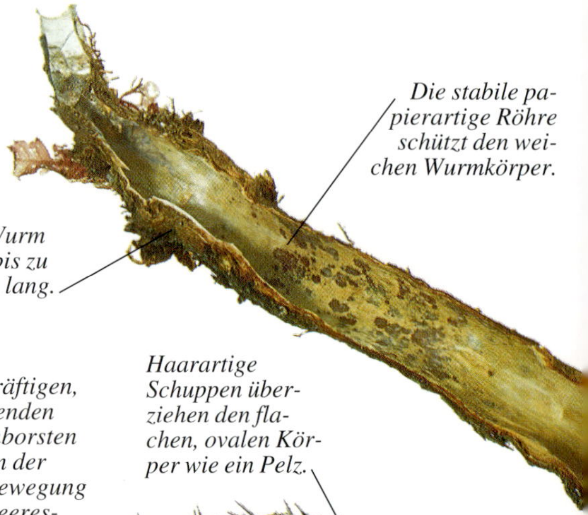

**SEEMAUS**
Die Seemaus pflügt sich durch den Schlick des Meeresbodens. Bei Sturm wird sie oft an den Strand gespült. Die schillernden Seitenborsten dienen der Fortbewegung und bieten zusammen mit den pelzigen Haaren einen gewissen Schutz vor Feinden. Das Hinterende der Seemaus ragt meist aus dem Sand. Mit ihm strudelt der Borstenwurm frisches Atemwasser ein. Seemäuse werden bis zu 20 cm lang. Sie ernähren sich von Aas.

**SPRITZWURM**
Dieser Wurm gehört zu den Spritzwürmern (Sipunculiden). Der lange schlanke Vorderkörper, an dessen Vorderende der Mund mit einem kleinen Tentakelkranz sitzt, kann in den dicken Hinterkörper eingezogen werden. Die meisten der etwa 320 Sipunculidenarten leben im Sand und Schlamm des Meeresbodens.

**PETERMÄNNCHEN**
Das Kleine Petermännchen lebt auf Sandböden in flacheren Gewässern. Oft ist es bis zu den hoch oben am Kopf sitzenden Augen im Sand vergraben. Die Giftstacheln an Rückenflossen und Kiemendeckeln können äußerst schmerzhafte Wunden verursachen. Das Gift zersetzt rote Blutkörperchen und lähmt die Nerven.

**PLATTFISCH**
Flundern ziehen auf Nahrungssuche flach über den Meeresboden. Sie knabbern auch gern Pfauenwürmern die Tentakelkränze ab.

**EINBLICK**

Dieser bizarre Wurm lebt in einer U-förmigen Röhre, die aus dem Schlick ragt. Der Pergamentwurm strudelt mit Hilfe seiner Paddel in der Körpermitte Wasser mit Nahrungsteilchen in die Röhre. Diese werden mit einem schleimigen Netz eingefangen, das am Mundende eingerollt und in die Mundöffnung gezogen wird. Dies wiederholt sich mit immer neuen Netzen. Bei Nacht kann der Wurm Leuchtsubstanzen aus seiner Röhre absondern – möglicherweise, um Feinde abzuschrecken.

**WIE EIN PFAUENRAD**

Pfauenwürmer erinnern mit ihren ausgebreiteten Tentakelkronen eher an Pflanzen als an Tiere. Mit den Tentakeln strudeln sie frisches Atemwasser und Nahrungsteilchen ein, indem sie zur Mundöffnung hin einen Wasserstrom erzeugen. Die Nahrungspartikel werden mit den Tentakelhaaren zum Mund geführt. Größere Teilchen, z.B. Sandkörner, werden nicht gegessen, sondern zum Röhrenbau benutzt.

# Auf weichem Grund

Schnorchelt oder taucht man über sandigem Meeresboden, sieht man meist nur wenige Tiere, denn die meisten leben im Schlick vergraben. Bei genauerem Hinschauen sieht man vielleicht die Fühler eines Krebses oder den Siphon einer Muschel aus dem Boden ragen. Schließlich müssen die vergrabenen Tiere atmen, und dazu brauchen sie den Zustrom frischen Meerwassers. Fische wie der Adlerrochen suchen den Boden nach Muscheln ab. Andere Tiere findet man nur, wo Seegras auf dem sandigen Boden wächst. Seegräser sind Blütenpflanzen, von denen sich u.a. der Dugong ernährt, das einzige echte Meerestier unter den pflanzenfressenden Säugetieren.

**SEEKUH**
Dugongs leben in tropischen Flachmeeren. Sie ernähren sich von Seegräsern, deren nährstoffreiche Wurzeln sie gern ausgraben. Die scheuen Seekühe werden mancherorts gejagt und sind deswegen vom Aussterben bedroht.

**MUSCHELBOOT**
In Botticellis *Geburt der Venus* wird die römische Göttin im Muschelboot übers Meer geblasen. Doch Muschelschalen sind zu schwer, um oben zu schwimmen, und zu klein, um eine Person zu tragen.

**FEINE FEDER**
Die Seefedern gehören zu den Blumentieren wie die Korallen und die Seeanemonen und leben auf Weichböden. Von einem verkalkten Skelettstab gehen seitlich Äste ab, auf denen kleine weiße Polypen mit ihren Tentakeln Nahrung einstrudeln. Im Dunkeln leuchten Seefedern bei Gefahr.

**BANDFISCH**
Dieser Fisch lebt auf Schlammgründen bis in 200 m Tiefe, aber auch auf Seegraswiesen. Dabei bewegt er sich durch Wellenbewegungen seines Körpers vorwärts. Der Bandfisch ernährt sich von kleinen Tieren, die sich in seine Nähe wagen. Manchmal findet man Bandfische im Spülsaum an Küsten.

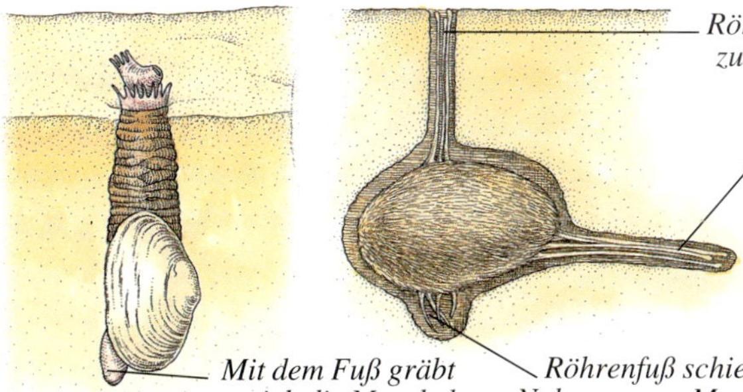


## EINGEGRABEN ATMEN

Die Sandklaffmuschel (oben links) hat zwei röhrenartige Siphons. Mit dem einen saugt sie Wasser ein, das über die Kiemen streicht, wobei ihm Nahrung und Sauerstoff entzogen werden. Durch den anderen wird das Wasser ausgeschieden. Der Herzigel (oben rechts) atmet mit langen Röhrenfüßen, die er ins Wasser ragen läßt.

## MIT MASKE UND ANTENNEN

Wenn man eine Maskenkrabbe (auch Antennenkrebs genannt) freilegt, gräbt sie sich schnell wieder ein. Meist vergräbt sie sich tagsüber im Sand, nur die Antennen schauen heraus. Mit Hakenborsten werden diese zu einer Atemröhre verbunden, wenn der Krebs im Sand steckt. Nachts kommt das Tier aus seinem Versteck und geht auf Garnelenjagd.

## GREIFSCHWANZ

Seepferdchen leben in Algenrasen, Seegraswiesen und zwischen Korallen. Mit ihrem Greifschwanz können sie sich an Pflanzen oder Korallen verankern. Sie schwimmen selten und dann mit dem Kopf nach oben, angetrieben von Wellenbewegungen ihrer Rückenflosse. Sie fressen Tierchen, die sie mit ihrer zarten Schnauze einsaugen.

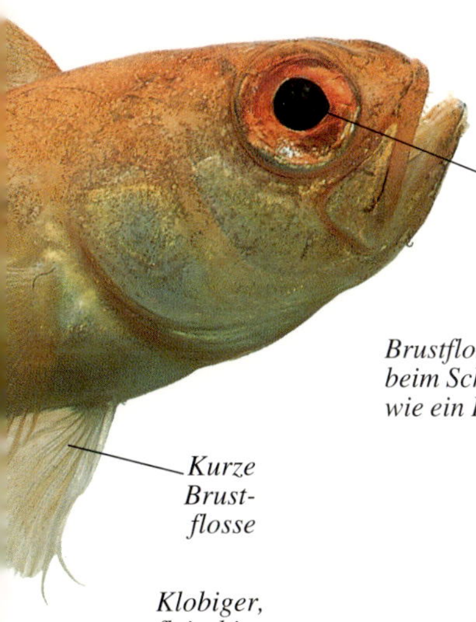

## „FLIEGENDER“ ROCHEN

Der Adlerrochen gräbt mit der Schnauze Muscheln aus dem Meeresboden und zermalmt sie zwischen seinen flachen Zahnbändern. Der verwandte Fleckenrochen kann mit seinen Brustflossen Muscheln wie mit einer Saugpumpe aus dem Boden graben.

# Felsen unter Wasser

Wo Strömungen Sand und Schlick wegspülen, bilden Felsen den Boden der Küstengewässer. Aufgrund der starken Wasserbewegungen müssen sich die dort lebenden Tiere gut festhalten können, in Spalten und Höhlen verkriechen oder zwischen Algen Schutz suchen. Manche Arten wie die Bohrmuscheln und einige Seeigel können sich in den Fels bohren. Seeigel graben sich sogar in hartes Gestein, Bohrmuscheln findet man eher in weichem Sand- oder Kalkstein. Manche Tiere verkriechen sich unter einzelnen kleinen Steinen im weichen Meeresboden. In Geröll und Kies wäre dies zu gefährlich, weil sie zwischen den von der Brandung bewegten Steinmassen zerquetscht würden. Einige Krebse, z.B. die Langusten, können jedoch bei Bedarf einzelne Gliedmaßen wieder neu bilden, und auch Seesternen wachsen verlorene Arme nach. Manche Tiere können im Niedrigwasser und auch in Gezeitentümpeln überleben, andere benötigen dagegen ständig tieferes Wasser.

Sich in Felsen bohrende Seeigel

Bohrmuschel

**FELSENBOHRER**
Seeigel benutzen ihre Stacheln und Zähne, um Höhlungen in Felsen zu graben, während Bohrmuscheln mit der Spitze ihrer Schale bohren. Mit dem muskulösen Fuß dreht die Muschel ihre Schale wie einen Bohrkopf ins Gestein. Der Fuß dient auch zur Verankerung im Bau.

*Der Augenfleck auf der Rückenflosse erschreckt Feinde.*

**SEESCHMETTERLING**
Schleimfische wie der Seeschmetterling leben im Flachwasser bis in etwa 20 m Tiefe. Oft verharren sie ruhig am Boden oder verbergen sich in Felsspalten. Sie legen ihre Eier an geschützten Stellen ab, z.B. in alten Flaschen, und bewachen sie. Manche Arten beißen sogar.

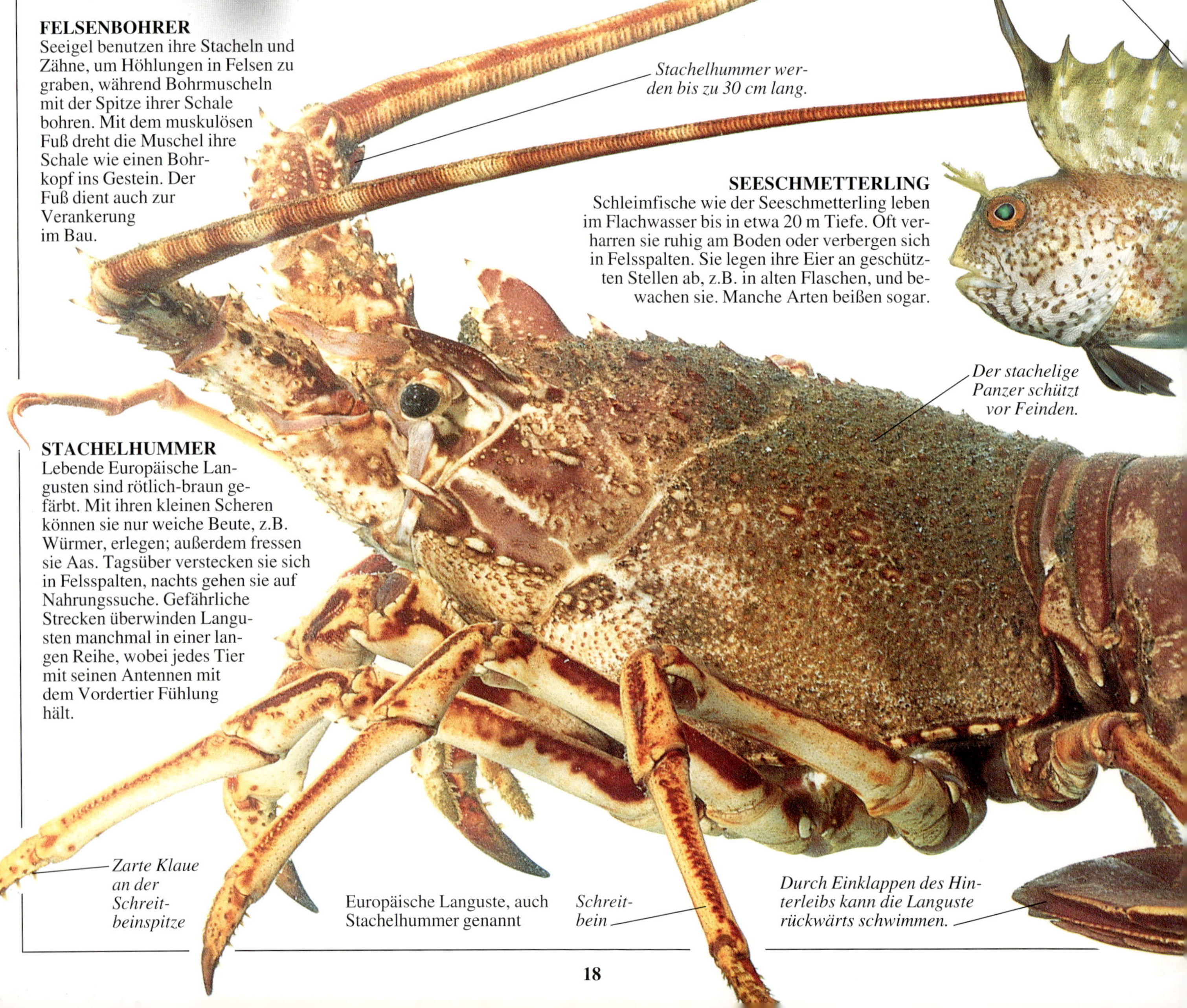

*Stachelhummer werden bis zu 30 cm lang.*

*Der stachelige Panzer schützt vor Feinden.*

*Zarte Klaue an der Schreitbeinspitze*

*Schreitbein*

*Durch Einklappen des Hinterleibs kann die Languste rückwärts schwimmen.*

Europäische Languste, auch Stachelhummer genannt

**STACHELHUMMER**
Lebende Europäische Langusten sind rötlich-braun gefärbt. Mit ihren kleinen Scheren können sie nur weiche Beute, z.B. Würmer, erlegen; außerdem fressen sie Aas. Tagsüber verstecken sie sich in Felsspalten, nachts gehen sie auf Nahrungssuche. Gefährliche Strecken überwinden Langusten manchmal in einer langen Reihe, wobei jedes Tier mit seinen Antennen mit dem Vordertier Fühlung hält.

**BEDROHLICHE SCHEREN**
Seit jeher fürchten sich Menschen vor Seeungeheuern, die in der Tiefe lauern. Dieser alte Stich zeigt ein hummerartiges Monster mit riesigen Scheren. Echte Hummer können bis zu 90 cm lang und bis zu 20 kg schwer werden.

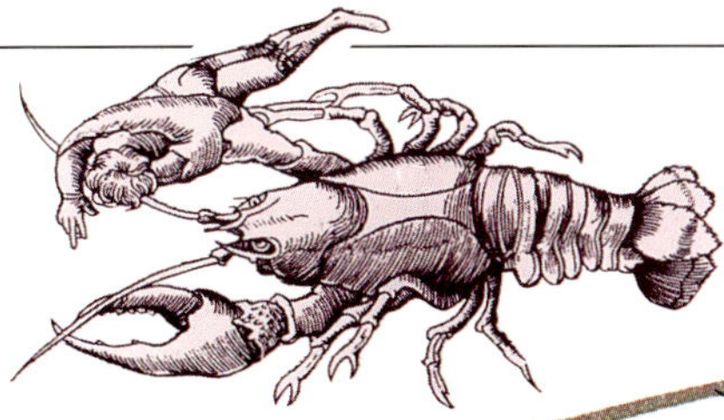

**FURCHENKREBS**
Furchenkrebse leben in Küstennähe am Meeresboden. Ihr Hinterleib ist meist unter dem Bauch eingeschlagen oder aufgerollt, so daß sie kurz und gedrungen wirken. Sie können aber mit dem Hinterleib auch schwimmen.

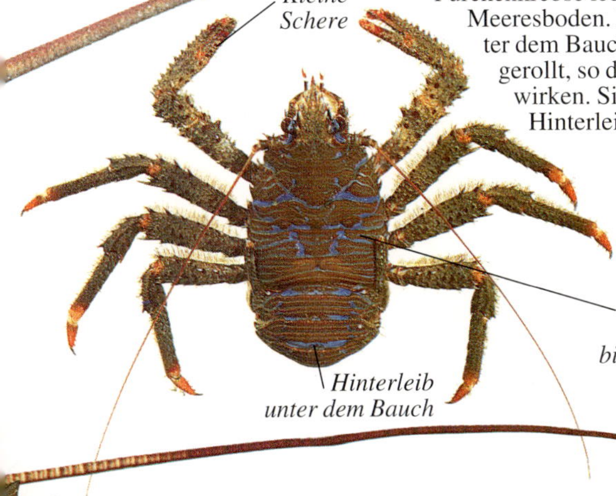

**SONNENSTERN**
Der Purpursonnenstern ist meist purpurorange, es gibt aber auch gelb-orange Exemplare wie diesen. Anders als andere Seesterne, die fünf Arme haben (oder ein Mehrfaches von fünf), hat der Purpursonnenstern sieben bis 13.

**FEDRIG**
Federsterne gehören wie die Seesterne, Seeigel und Seegurken zu den Stachelhäutern. Ihr Körper ist fünfstrahlig (bzw. mehrfach fünfstrahlig). Der Federstern hat zehn fedrige Arme, mit denen er kleine Nahrungsteilchen aus dem Wasser fängt. Reihen spitzer Röhrenfüßchen befördern die Nahrung durch einen schleimigen Kanal zum Mund in der Mitte der Sternoberseite. Die Arme dienen auch zum Krabbeln auf dem Meeresboden und zum Schwimmen. Mit beinartigen Zirren kann sich der Federstern festklammern.

# Felsbewohner

Eine Braunalge aus dem Pazifik

In flachen, kühlen Gewässern an Felsküsten bieten Tangwälder vielen Tieren eine Heimat. Zwischen den blatt- und stengelartigen Vegetationskörpern (Thalli) der großen Braunalgen schwimmen Fische umher. Entlang der nordamerikanischen Pazifikküste tummeln sich Seeotter zwischen Tangen. Die Tange sind mit kräftigen Haftorganen (Rhizoide) fest am Fels verankert. Auch in diesen „Wurzeln" lebt eine ganze Reihe von Tieren, u.a. Würmer und Milben. Anders als die Wurzeln der Landpflanzen nehmen die Rhizoide weder Wasser noch Nährstoffe auf; sie dienen nur der Verankerung. Andere Tiere wachsen auf den Algenthalli oder direkt auf den Felsen. Anthomedusen, Seeanemonen und Korallen gleichen Pflanzen, sind aber Nesseltiere (Verwandte der Quallen). Auch fest am Fels sitzende Miesmuscheln bieten anderen Tieren außerhalb zwischen ihren Schalen oder innerhalb der Schale ein Zuhause.

**VERSPIELTER OTTER**
Seeotter schwimmen und schlafen in den Tangwäldern der nordamerikanischen Pazifikküste. Sie tauchen zum Meeresgrund, suchen dort Muscheln und brechen diese dann auf dem Rücken liegend mit Hilfe eines Steins auf ihrer Brust auf.

**HÜBSCHES KIND**
Junge Seehasen sind viel hübscher als ihre plumpen Eltern, die sich mit saugnapfartigen Bauchflossen am Fels festhalten. Seehasen laichen in seichten Gewässern; der Vater bewacht die Eier.

*Der schuppenlose Körper ist mit kleinen warzigen Höckern übersät.*

Junger Seehase

**HAFTKRALLE**
Die Haftorgane verankern die riesigen Braunalgen so fest am Fels, daß sie durch die heftige Brandung nicht abgerissen werden.

*Haftorgan (Rhizoid) des Palmentangs*

*Haftorgan für große Pflanzen: Manche Tange werden meterlang.*

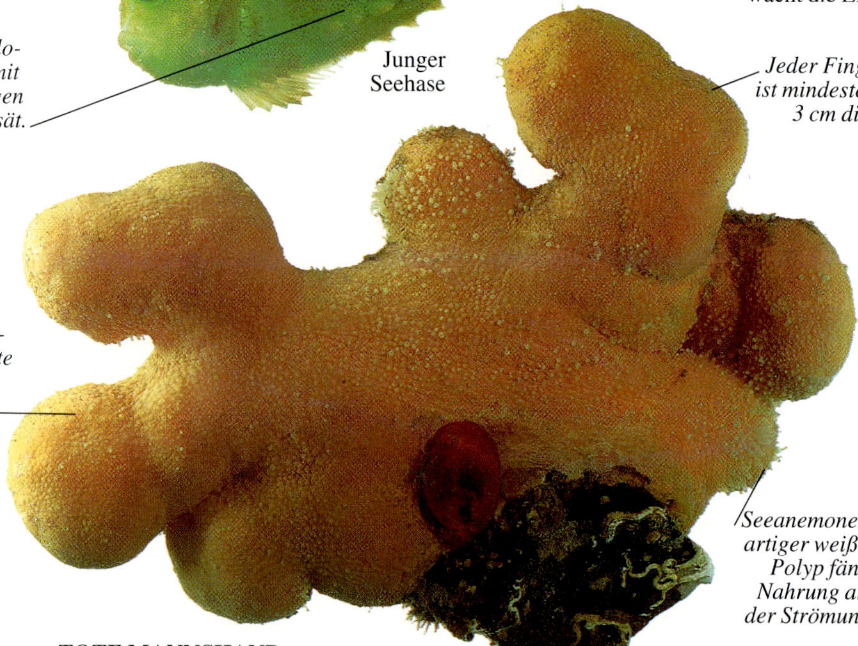

*Jeder Finger ist mindestens 3 cm dick.*

*Von vielen winzigen harten Splittern gestützte fleischige Finger*

*Seeanemonenartiger weißer Polyp fängt Nahrung aus der Strömung.*

**TOTE MANNSHAND**
Diese auch Korkpolyp genannte Weichkoralle gleicht tatsächlich einer Totenhand. Sie wächst auf Felsen und ist eine Kolonie von winzigen Freßpolypen, die in einer gelben oder weißen Grundsubstanz eingebettet sind.

*Kiemen*

**BÄUMCHENSCHNECKE**
Im Meer leben Schnecken mit und ohne Haus. Diese Nacktkiemerschnecke ernährt sich von Weichkorallen. Manche ihrer Verwandten fressen Seeanemonen und lagern deren Nesselkapseln zur eigenen Verteidigung in besonderen Körperanhängen ein.

**SEERINDE** *links*
Dieser netzartige Aufwuchs auf Tang ist eine Moostierchenkolonie. Jede „Netzmasche" ist ein winziges Kästchen, in dem ein kleines Tier sitzt. Zum Fressen streckt es seine Tentakel aus dem Kästchen. Die Kolonie wächst dadurch, daß die einzelnen Tierchen Ableger bilden. Zwischen den Seerindenflecken sieht man hier eine Durchscheinende Häubchenschnecke (eine Napfschneckenart) „grasen".

**LANGBEIN**
Die langbeinigen Gespensterkrabben verstecken sich unter Felsen und in Algenbeständen an der Küste und im Flachwasser. Sie tarnen sich mit Algen, die sie mit ihren Scheren pflücken und dann auf ihrem Panzer „anpflanzen“. An den langen Beinen sitzen Krallen, mit denen sich die Krebse an den Algen festhalten können.

**DIE MUSCHEL UND IHR WÄCHTER**
Die dickschalige Pferdemuschel lebt, mit Byssusfäden fest verankert, auf Felsen oder Tangrhizoiden. Junge Pferdemuscheln lassen sich dort nieder, wo schon andere leben, so daß mit der Zeit ganze Muschelbänke entstehen. Die Erbsenkrabbe, auch Muschelwächter genannt, lebt in der Muschel und ernährt sich von deren Nahrung.

**RÖHRENPOLYPEN**
Mit ihren Tentakelkränzen strudeln die Polypen Nahrungsteilchen ein. Bei Gefahr werden sie in die hornigen Skelettstiele zurückgezogen. Röhrenpolypen haften mit wurzelartigen Hydrorhizen auf Felsen und Algen. Manche verwandte Arten vermehren sich, indem sie Medusen (Quallen) abschnüren, die dann Eier und Spermien ins Wasser ausscheiden. Aus den Eiern entstehen Larven, die sich festsetzen und zu Polypen entwickeln. Die abgebildete Art hat keine freischwimmende Medusengeneration. Bei ihr geben sog. Sporosacs Eier und Spermien ab.

# Korallen und Riffe

In den kristallklaren, warmen Meeren der Tropen gibt es Korallenriffe von oft gewaltigen Ausmaßen. Sie werden von Steinkorallenskeletten gebildet, die durch Kalkalgen miteinander verkittet sind. Die riffbildenden Korallen bestehen aus Kolonien kleiner Blumentiere. Jeder einzelne Polyp bildet eine Kalkhülle (Skelett), die den weichen Körper schützt. Dazu benötigt der Polyp die Hilfe winziger einzelliger Algen, die in seinem Körper leben. Da diese Algen zum Wachsen Sonnenlicht brauchen, findet man Korallenriffe nur in sonnenbeschienenen, flachen Meeren. Für den Schutz, den die Korallentiere den Algen bieten, erhalten sie einige Nährstoffe und vor allem den Kalk zum Skelettbau. Weitere Nahrung fangen die Polypen mit ihren Tentakeln ein. Lebende Korallen finden sich nur in den obersten Bereichen eines Riffs. Sie sitzen auf den Skeletten abgestorbener Exemplare. Neben riffbildenden Steinkorallen findet man auch Lederkorallen wie die Meerhand, die keine steinernen Skelette ausbilden. Korallen weisen eine große Formenvielfalt auf, und die Skelette einiger Arten sind sehr farbenprächtig.

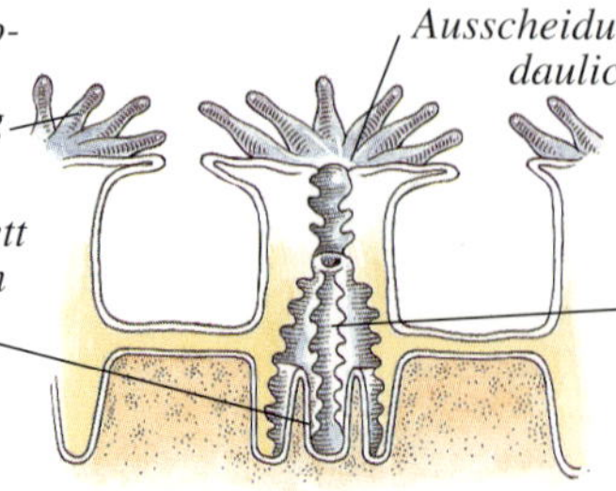


**INNERES EINES KORALLENTIERES**
Bei stockbildenden Korallen sind die einzelnen Polypen durch eine Gewebeschicht verbunden. Die Polypen bilden auch Eier und Spermien.

*Das hornige Skelett der Schwarzen Koralle erinnert an ein Zweigbüschel.*

Orangefarbene Meerhand (Indischer und Pazifischer Ozean)

**NESSELKORALLE**
Feuerkorallen sind mit *Branchiocerianthus* (S.11) verwandt. Im Gegensatz zu den echten Korallen bilden sie quallenartige Medusen mit Geschlechtsorganen aus. Ihre Polypen besitzen giftige Nesselzellen.

**SCHWARZE KORALLE**
Bei lebenden Schwarzen Korallen stützt ein horniges Skelett lebendes Gewebe, und auf den Zweigen sitzen Reihen von Polypen. Schwarze Korallen findet man in den tieferen Zonen tropischer Riffe. Es dauert sehr lange, bis solch ein Skelett ausgebildet ist.

*Die netzartigen Verzweigungen halten starke Strömungen aus.*

*Fächerstiel*

*Bäumchenartig verzweigtes Skelett*

### SEEFÄCHER

Seefächer gehören (wie die für die Schmuckindustrie so wichtigen Edelkorallen) zu den Rindenkorallen, bei denen weiches Korallengewebe wie eine Rinde auf einem Skelett aus biegsamen Gorgoninfasern wächst. Die meisten Arten leben in tropischen Gewässern. Manche Arten bilden kleine Bäumchen (links), bei anderen sind die einzelnen Äste zu einem fächerartigen Netz verbunden. Auf den Ästchen sitzen bei lebenden Seefächern überall Polypen, die ihre Tentakelkränze zum Beutefang in die Wasserströmung halten.

*Um einen Vulkan entsteht ein Saumriff.*

*Versinkt der Vulkan, entsteht eine von einem Barriereriff umgebene Lagune.*

*Der Vulkan verschwindet, es bleibt ein Atoll.*

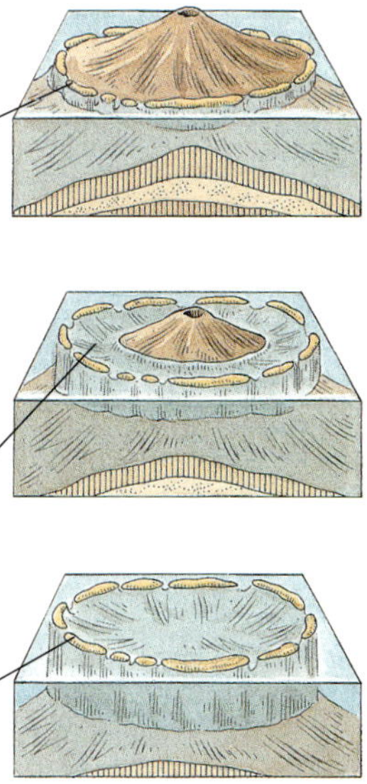

### EIN ATOLL ENTSTEHT

Ein Atoll ist ein Ring von Koralleninseln, die um eine zentrale Lagune angeordnet sind. Charles Darwin (1809–1882) vermutete, daß ein Atoll als Riff um einen versinkenden Vulkan entsteht. Seine Theorie erwies sich als zutreffend.

*Das zarte Skelett der Orgelkoralle bricht leicht.*

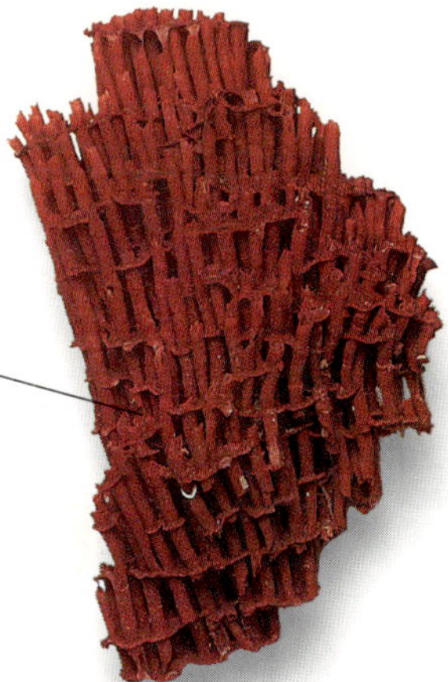

### ORGELPFEIFEN

Bei den lebenden Orgelkorallen überzieht schmutziggrünes Gewebe das zarte Skelett. Die Polypen ragen aus den Orgelpfeifen. Orgelkorallen sind ebenfalls keine Steinkorallen, sondern gehören wie die Meerhand zu den Lederkorallen.

*Oft nisten sich Kleine Pilgermuscheln in den Falten der Rosenkoralle ein.*

*Eine lebende Rosenkoralle wird bis zu 50 cm groß.*

### DER NAME TRÜGT

Rosenkorallen sind keine echten Korallen, sondern Moostierchen, die in Kolonien am Meeresgrund wachsen.

*Die Oberfläche der Hirnkoralle erinnert an das menschliche Gehirn.*

### STEINERNES HIRN

Eine lebende Hirnkoralle ist mit weichem Gewebe überzogen. Die Polypen wachsen in Reihen in den Skelettrinnen. Hirnkorallen sind langsam wachsende Steinkorallen, die jährlich nur wenige Zentimeter größer werden.

### DAS GRÖSSTE

Das Bild zeigt Fische im Großen Barriereriff vor Australien. Es ist mit fast 2000 km Länge das größte Korallenriff der Erde. Viele der 350 Korallenarten laichen in derselben Nacht nach Vollmond ab. Unter Wasser sieht es dann aus wie bei einem Schneesturm.

**RIESENMUSCHEL**
Die Blaue Riesenmuschel wird etwa 30 cm lang. (Die größte Riesenmuschelart, die Mördermuschel, erreicht sogar 1 m.) Der leuchtend gefärbte Mantelrand beherbergt kleine Algen (Zooxanthellen). Sie betreiben im Sonnenlicht Photosynthese und versorgen die Muschel mit Nahrung und vor allem mit Sauerstoff. Dafür genießen sie den Schutz der Muschel.

# Leben im Riff

Korallenriffe beherbergen eine Vielfalt bunter Fische, Krebse, Seeigel, Seesterne, Würmer, Muscheln und Schnecken. Jeder Winkel des Riffs dient einem Tier oder einer Pflanze als Lebensraum. Nachts kommen Heere von eigenartigen Tieren zum Fressen aus den Höhlen und Spalten. Alle Lebewesen der Riffgemeinschaft hängen letztlich von den riffbildenden Steinkorallen ab, die die wenigen Nährstoffe des klaren, blauen tropischen Wassers aufbereiten. Auch die Menschen sind auf die Korallenriffe angewiesen, denn sie schützen die Küsten, bringen das Geld der Tauchtouristen ins Land, und manche Korallenatolle sind auch besiedelt. Leider sind diese Naturwunder heute stark gefährdet. Sie werden zerstört, weil man Riffmaterial zum Bauen bricht. Außerdem beschädigen Schnorchler und Taucher die zarten Tiere und Pflanzen, sprengen Fischer beim Fischfang mit Dynamit Riffstücke ab und zerpflücken Raritätensammler die Korallenriffe. Manche Riffe ersticken in aus zerstörten Regenwäldern herbeigeschwemmtem Schlamm, und viele sind durch Öl und Müll verseucht.

**GRÜNER SALAT**
Die meisten gehäuselosen Meeresschnecken fressen Korallen oder andere Blumentiere und lagern deren giftige Nesselkapseln ein. Die Samtschnecke *Elysia crispata* aber ernährt sich von Grünalgen. Sie saugt den Saft aus den Algenzellen und lagert dann die Chloroplasten, in denen das Blattgrün sitzt, in ihrem Verdauungstrakt ein, wo sie weiterhin mit Hilfe von Sonnenenergie organische Stoffe herstellen. Gleichzeitig ist die grüne Schnecke gut getarnt.

**HARMONISCHES ZUSAMMENLEBEN**
Clownfische leben in Korallenriffen im Indopazifik – zwischen den nesselbewehrten Armen von Seeanemonen. Anderen Fischen werden diese Arme leicht zum Verhängnis, die Clownfische aber kuscheln sich regelrecht hinein: Ein Schleimüberzug schützt sie vor den Nesseln, und diese wiederum bieten ihnen Schutz vor anderen Fischen. Es gibt verschiedene Clownfischarten; jede lebt mit einer bestimmten Seeanemonenart zusammen.

Steindattel in einem Korallenriff im Roten Meer

**STEINDATTEL**
Im Riff leben viele Muscheln. Die Steindattel ätzt mit einer kalklösenden Säure ein Loch in die harten Korallen und schmiegt sich hinein. Wie die meisten Muscheln filtert sie mit ihren Kiemen Nahrung aus dem Wasser.

*Mit der Schnauze stochert der Fisch im Riff nach Beute.*

Altfisch

*Die leuchtenden Farben locken Geschlechtspartner an.*

*Einfarbig gelbe Schwanzflosse*

*Farben und Muster des erwachsenen Kaiserfischs haben für Artgenossen Signalwirkung.*

**JUNG UND ALT**
Häufige Riffbewohner sind die Engelfische. Zu ihnen gehört der Kaiserfisch, bei dem die Jungen völlig anders aussehen als die Altfische. Möglicherweise ist das Jugendkleid ein besserer Schutz und das Erwachsenenkleid ein besseres Signal für Artgenossen. Kommt ein fremder Kaiserfisch zu nahe, wird er vertrieben, die anders gefärbten Jungfische aber werden geduldet.

Jungfisch

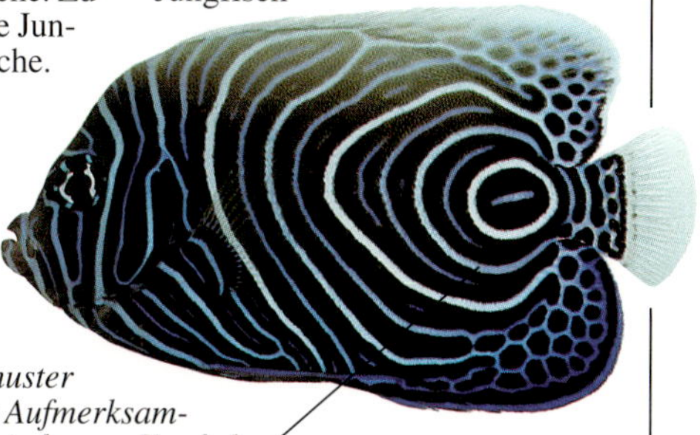

*Die Ringmuster lenken die Aufmerksamkeit der Feinde vom Kopf ab.*

*Hautdrüsen geben zur Feindabwehr übelschmeckenden Saft ab.*

*Weicher Körper ohne schützendes Gehäuse*

*Mit dem flachen, schleimigen Fuß kann die Schnecke über schlüpfrige Algen kriechen.*

*Die grüne Farbe weist auf die Algennahrung hin.*

*Die Schnecke atmet über die durch die blattartigen Anhänge stark vergrößerte Hautoberfläche.*

*Dicke Fühler riechen Nahrung.*

Eine Dornenkrone bei der Korallenmahlzeit

**GIERIGER SEESTERN**
Hier verschlingt eine Dornenkrone die Weichteile einer Rindenkoralle. Sie kehrt dazu den Magen von innen nach außen und scheidet Verdauungsenzyme ab. In den 60er/70er Jahren hielten sich im Großen Barriereriff Massen von diesen Seesternen auf und richteten große Schäden an.

*Die Tentakel können zum Schutz in den Körper zurückgezogen werden.*

*Freßtentakel rund um den Mund*

*Feste Haut*

*Eine der fünf Röhrenfüßchenreihen dient zum Laufen.*

**BUNTE GURKE**
In oder an Riffen im Indopazifik lebt diese bunte Seegurke. Seegurken sind Stachelhäuter (S.18–19) wie die Seeigel und die Seesterne. Mit Hilfe kleiner Tentakel fängt die Seegurke kleine Nahrungsteilchen aus dem Wasser. Wenn die Nahrung am Tentakelschleim festklebt, wird sie in den Mund gezogen und abgestreift.

# Plankton

Die häufigsten Pflanzen im Meer sind so klein, daß man sie mit bloßem Auge nicht erkennen kann. Diese meist einzelligen im Meer treibenden Algen nennt man Phytoplankton (von griech. *phyton* = Pflanze, *plankton* = umhertreibend). Wie alle Pflanzen brauchen sie Sonnenlicht, man findet sie daher nur in den oberen Wasserschichten. Unter guten Wachstumsbedingungen teilt sich jede Zelle innerhalb weniger Tage, die entstehenden Zellen teilen sich wieder usw. Zum Wachsen benötigen die Planktonpflanzen neben Sonnenlicht auch Mineralien wie Phosphor- und Stickstoffverbindungen. Das meiste Sonnenlicht gibt es in den Tropen, doch die tropischen Meere sind arm an Mineralien. Massen von Phytoplankton existieren daher in kühleren Gewässern, wo Nährstoffe (aus dem Abbau von Pflanzen und Tieren) bei Stürmen vom Meeresboden in höhere Wasserschichten gelangen. Das Phytoplankton wird von Schwärmen winziger im Wasser treibender Tierchen (Zooplankton) gefressen, die wiederum kleinen Fischen wie Heringen als Nahrung dienen. Die kleinen Fische werden von größeren Fischen gefressen und diese ihrerseits von noch größeren Tieren, z.B. Haien und Delphinen. Die größten Lebewesen im Meer – die Bartenwale, der Walhai und der Riesenhai – ernähren sich direkt von Zooplankton.

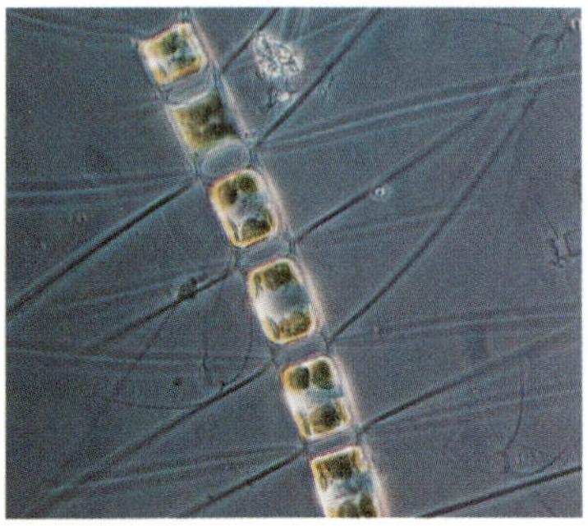

**PFLANZENNAHRUNG**
Diese Diatomee (Kieselalge) ist eine von vielen Phytoplanktonarten. Diatomeen gehören zu den häufigsten Planktonalgen in kühleren Gewässern; in tropischen Meeren herrschen Dinoflagellaten genannte Einzeller vor. Auch viele Diatomeen sind Einzeller, die abgebildete aber formt Zellketten.

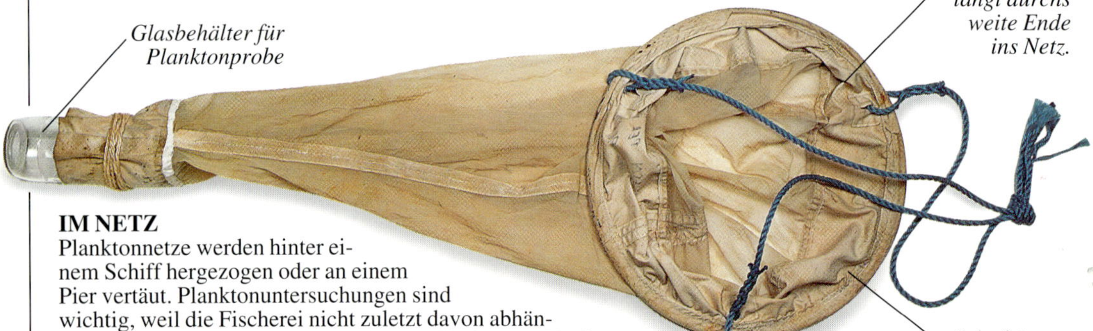


**IM NETZ**
Planktonnetze werden hinter einem Schiff hergezogen oder an einem Pier vertäut. Planktonuntersuchungen sind wichtig, weil die Fischerei nicht zuletzt davon abhängig ist, wieviel Planktonnahrung jungen Fischen zur Verfügung steht. Phytoplankton spielt möglicherweise auch eine Rolle bei der Klimaregulierung, denn es verbraucht große Mengen des Treibhausgases Kohlendioxid.

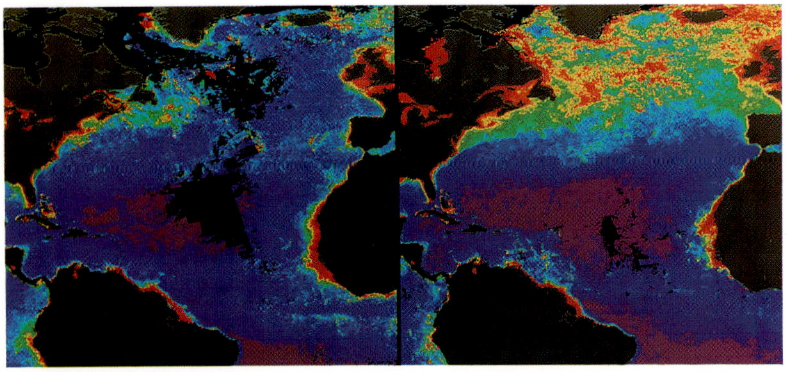

**PLANKTONBLÜTE**
Satellitenbilder (hier nach Daten von *Nimbus 7*) zeigen die Phytoplanktondichte im Atlantik (größte Dichte: rot, es folgen gelb, grün, blau und violett). Wenn im Frühling die Tage länger werden und Nährstoffe aus tieferen Meeresschichten aufgewirbelt werden, kommt es zu einer Phytoplanktonblüte (links). Eine zweite, etwas kleinere Blüte gibt es im Herbst. Abgestorbenes Phytoplankton sinkt zusammen mit Zooplanktonresten in schleimigen Klumpen als „Meeresschnee“ zum Meeresgrund.

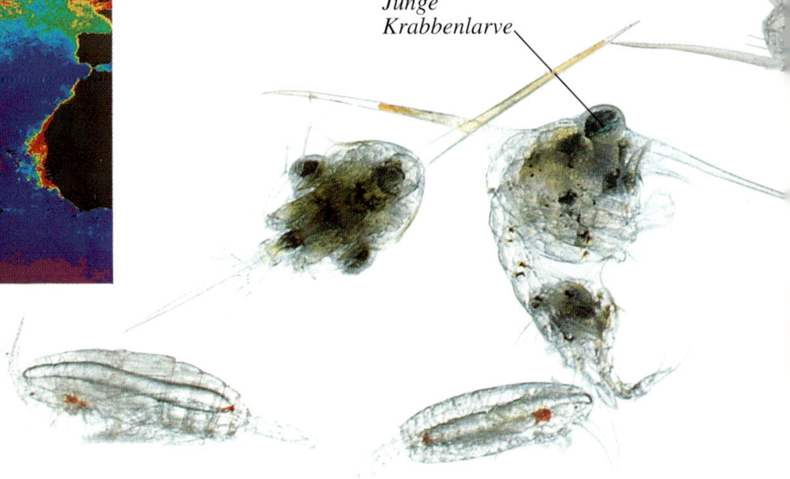

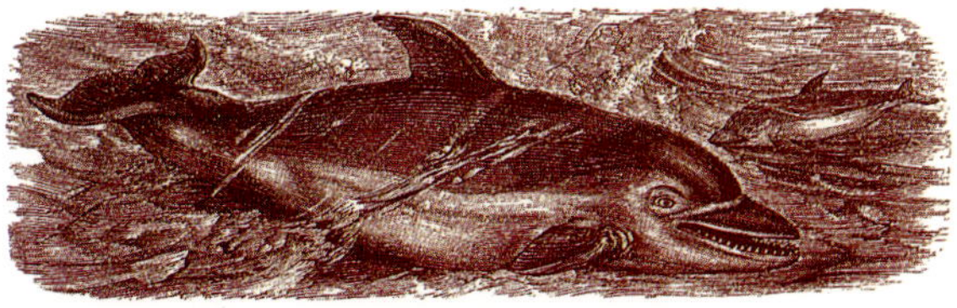

**FRESSEN UND GEFRESSEN WERDEN**

Delphine jagen Fische mit Hilfe eines Sonarsystems: Sie senden Klickgeräusche aus und erkennen am Echo, wo sich Beute befindet. Doch auch Delphine haben Feinde, z.B. die großen Schwertwale. Ihre Beute wiederum ernährt sich von kleineren Fischen. Letztlich aber hängen alle Tiere im Meer vom Phytoplankton ab.

Sardinenschwarm

Zooplankton aus dem Nordatlantik vor der schottischen Küste

**ZOOPLANKTON**

Im Meer treibt eine Fülle von Planktontieren. Viele ernähren sich von Phytoplankton, so auch die Wasserflöhe und andere kleine Krebse. Sie erzeugen mit ihren Antennen eine Wasserströmung, die ihnen die Pflänzchen ins Maul treibt. Auch größere Krebse wie Krabben und Garnelen haben planktontische Larvenstadien. Einige von ihnen besitzen besondere Schwimmdornen, die sie gleichzeitig unappetitlich machen. Auch viele Fische (allerdings keine Haie) schlüpfen als Planktonlebewesen aus dem Ei. Anfangs ernähren sie sich vom Dotter, später von anderen Planktontierchen.

# Räuber und Beute

Wie auf dem Land gibt es auch im Meer Pflanzenfresser und Räuber (Fleischfresser). Zu den Pflanzenfressern zählen z.B. Fische, die Algen abweiden, oder die seegrasfressenden Dugongs. Bei den Räubern gibt es ganz unterschiedliche Strategien des Beutefangs. Haie und Barrakudas sind gewandte Jäger, Anglerfische lauern ihren Opfern auf und packen sie dann schnell mit den Zähnen, und Seeanemonen fangen und lähmen sie mit Nesselfäden. Viele Tiere filtern Nahrung aus dem Wasser, von winzigen Polypen bis zu den riesigen Bartenwalen. Seevögel tauchen im Meer nach Nahrung oder schöpfen sie mit ihrem Schnabel aus dem Wasser. Manche Meeresbewohner fressen sowohl Fleisch als auch pflanzliche Nahrung, sie sind Allesfresser.

**NETZ AUS LUFT**
Buckelwale fangen Fischschwärme ein, indem sie mit Luftblasen eine Art Netz um den Schwarm errichten. Dann stoßen sie mit weit geöffneten Mäulern in den Schwarm.

*Kleine Beutetiere auf Schleim*

**MIT SCHLEIM**
Anders als viele andere Quallen, die ihre Beute mit Nesselfäden erlegen, fangen Ohrenquallen ihre Opfer mit von der Glocke gebildetem Schleim. Die vier fleischigen Arme sammeln den nahrungsbeladenen Schleim ein, und haarartige Zilien befördern ihn Richtung Mund.

**FANGGESICHT**
Mit seinen kräftigen spitzen Zähnen kann der Seewolf die harten Schalen und Panzer von Muscheln, Krabben und Seeigeln knacken. Sind die vordersten Zähne abgenutzt, werden sie durch neue ersetzt, die dahinter in Wartestellung liegen. Seewölfe lauern in Felslöchern kühler Gewässer der nördlichen Meere.

*Die Rückenflosse zieht sich über den ganzen Körper.*

*Krumme gelbliche Dolchzähne*

*Brustflosse*

*Derbe, runzelige, schuppenlose Haut*

*Stacheln zum Schutz vor Feinden*

*Mit den Röhrenfüßchen kann der Seeigel langsam über den Meeresboden laufen.*

*Fünf Raspelzähne rund um den Mund*

**WEIDEGÄNGER**
Der an europäischen Küsten häufige Eßbare Seeigel grast Algen und Moostierchen von Tangen oder Felsen ab. Dazu benutzt er Raspelzähne auf der Unterseite, die von einem komplizierten Kieferapparat, der sog. Laterne des Aristoteles, bewegt werden. Mit ihrer Weideaktivität regulieren die Seeigel die Dichte des Algenwachstums an Küsten. Wenn also zu viele der mancherorts als Delikatesse geschätzten Seeigel gesammelt werden, kann ein Felsenriff unter Algenbewuchs ersticken.

Tauchender Pelikan

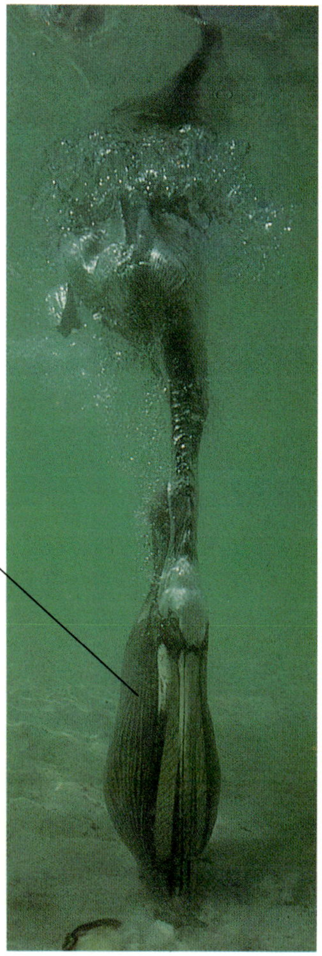

*Der Braune Pelikan fischt mit seinem Kehlsack.*

**FISCHFANG**
Wie alle Pelikane hat der Braune Pelikan einen großen Schnabel mit einem geräumigen Kehlsack. Im Gegensatz zu anderen Pelikanen taucht er tief ins Wasser. Wenn er wieder aufgetaucht ist, läßt er das Wasser aus seinem Beutel laufen und schluckt die darin gefangenen Fische hinunter.

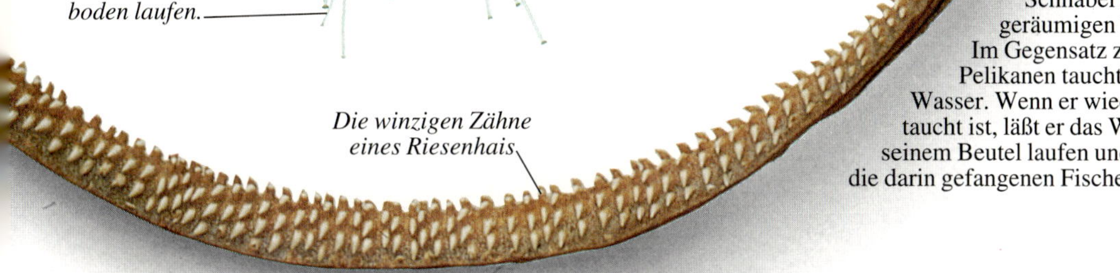

*Die winzigen Zähne eines Riesenhais*

Zahn eines Tigerhais

**ZÄHNE UND KIEMEN**
Mit der scharfen Spitze seiner Zähne kann der Tigerhai seine Beute durchbohren, mit der gesägten Schneidekante zerteilen – von hartgepanzerten Schildkröten bis zu zarten Robben und Vögeln. Die Zahnreihen eines Riesenhais dagegen werden überhaupt nicht benutzt, denn dieser Hai filtert mit seinen Kiemen Plankton aus dem Wasser.

**TENTAKELFALLEN**
Die blumenartigen Seedahlien sind für unachtsame kleine Fische und Garnelen tödliche Fallen. Streicht ein Beutetier an den Tentakeln entlang, schnellen Hunderte von Nesselfäden aus ihren Kapseln. Die Fäden wickeln die Beute ein und schwächen sie. Dann befördern die Tentakel die verstrickte Beute zum Mund in der Seedahlienmitte – dem Eingang zum sackartigen Magen, in dem das Tier verdaut wird.

*Tentakel mit Nesselkapseln*

*Unverdauliche Nahrungsreste werden durch den Mund wieder ausgeschieden.*

*Saugnapfartige Fußscheibe ermöglicht Festhalten an jeglichem festem Untergrund.*

# Unterschlupf

Eine der besten Strategien zum Schutz vor Feinden ist, sich zu verstecken. Wer nicht sichtbar ist, kann auch nicht gefressen werden. Viele Meerestiere verbergen sich unter Algen, in Felsspalten oder im Sand. Eine passende Körperfärbung und vielleicht auch dem Hintergrund angepaßte Körperformen unterstützen die Tarnung. Der Sargassofisch sieht z.B. aus wie ein Tangfetzen. Harte Gehäuse sind ein guter Schutz vor Feinden – solange diese kein Panzerknackergebiß besitzen. Schnecken und Muscheln bauen sich ihre eigenen Gehäuse und Schalen. Krebse haben eine harte Panzerhaut, die Körper und Beine bedeckt. Einsiedlerkrebse sind allerdings nur unvollständig gepanzert. Ihr Hinterleib ist weich und benötigt zusätzlichen Schutz. Daher sucht sich der Einsiedlerkrebs ein verlassenes Schneckenhaus als schützendes Heim.

**TANG ODER FISCH?**
Der Sargassofisch lebt zwischen schwimmenden Teppichen von Sargassotang. Mit seinen bizarren Mustern und algenartigen Körperanhängen gleicht er selbst einem Tangfetzen. In den Sargassoteppichen, die in der Sargassosee im Nordatlantik treiben, leben noch viele andere Tiere.

**VERSCHMOLZEN**
Sepien haben verschiedene Hautfarbstoffe und können mit deren Hilfe schnell ihre Farbe wechseln. Sie sehen die Farbe der Umgebung, und das Gehirn sendet daraufhin Nervensignale zu kleinen Pigmenttaschen in der Haut. Ziehen sich die Taschen zusammen, wird die Sepia heller.

*Bei Erweiterung der Pigmentbeutel wird die Sepia dunkler.*

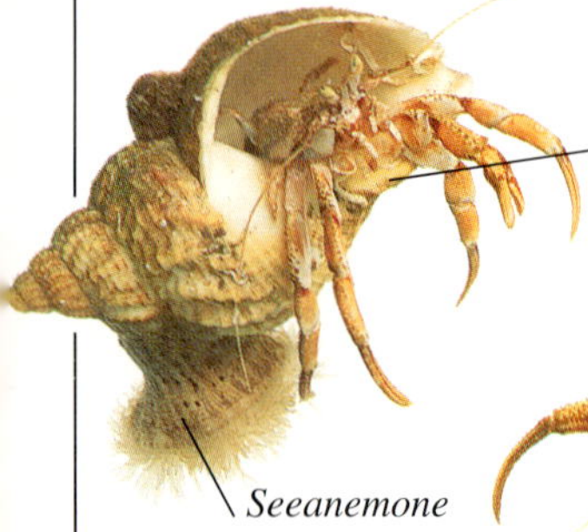

*Ein Einsiedlerkrebs verläßt sein altes Wellhornschneckenhaus.*

*Seeanemone*

*Außerhalb des Gehäuses ist der Krebs sehr gefährdet.*

*Abmessen der Größe des neuen Hauses mit den Beinen*

Der Einsiedlerkrebs hat ein Plexiglasgehäuse als neues Haus angenommen, so daß man seine Bewegungen beobachten kann.

*Spitze Krallen an den Beinen geben beim Laufen am Meeresboden Halt.*

*Antenne*

**UMZUG**
Alle Krebse müssen ihr Außenskelett häuten, wenn sie wachsen. Das geschieht beim Einsiedler, anders als bei anderen Vertretern dieser Tierklasse, im schützenden Haus. Doch wenn er größer wird, wird ihm irgendwann seine Schneckenwohnung zu klein, und er muß sich ein größeres Haus suchen. Mit dem Hinterleib im alten Haus macht er sich auf die Suche nach einem geeigneten Objekt. Das neue Heim darf nicht beschädigt und muß groß genug sein. Hat der Einsiedler etwas Passendes gefunden, zieht er sich vorsichtig aus den Windungen des alten Gehäuses und schiebt sein Hinterteil schnell in das neue. Im Laufe seines Lebens muß ein Einsiedlerkrebs mehrmals umziehen.

*Spitzen am unteren Schalenrand erleichtern das Abheben vom Boden.*

**AUFWENDIGE TARNUNG**

Trägerschnecken tarnen sich durch leere Gehäuse und Schalenbruchstücke anderer Weichtiere oder auch mit Glasscherben, Steinchen oder Korallenstücken. Sie kleben diese auf ihrem eigenen Haus fest und sind so auf den ersten Blick nicht als Schnecken zu erkennen. Die spitzen Aufsätze erschweren Räubern zudem das Knacken des Gehäuses.

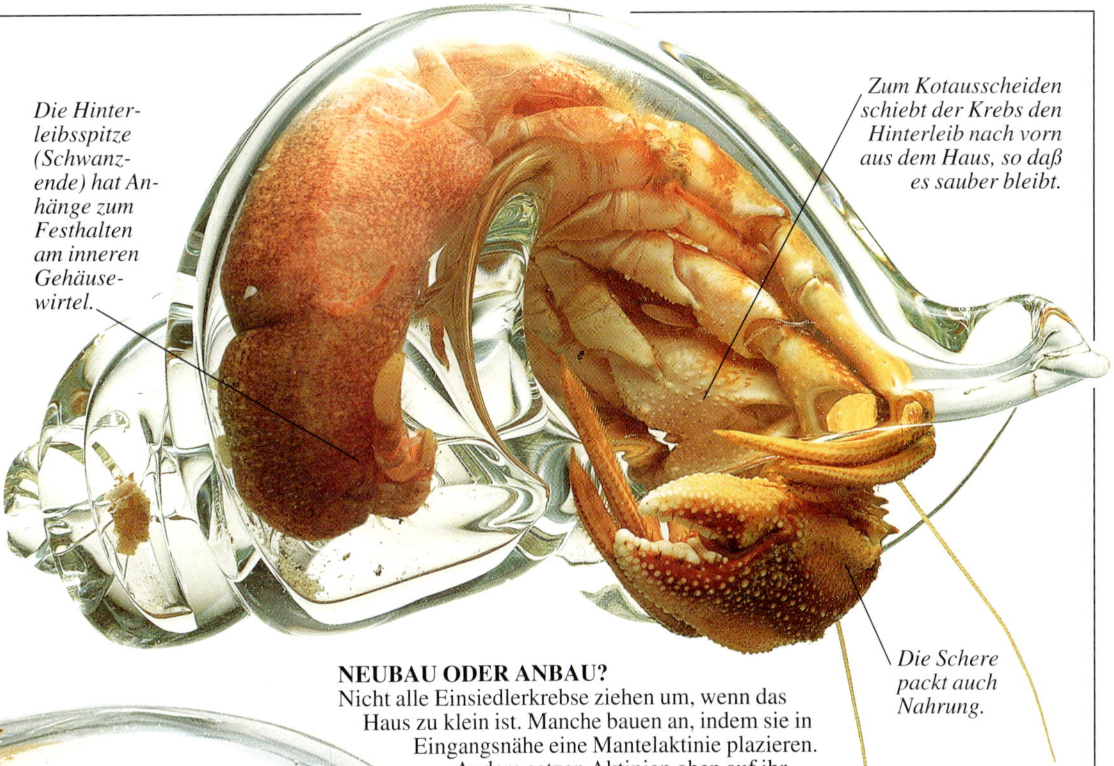

*Die Hinterleibsspitze (Schwanzende) hat Anhänge zum Festhalten am inneren Gehäusewirtel.*

*Zum Kotausscheiden schiebt der Krebs den Hinterleib nach vorn aus dem Haus, so daß es sauber bleibt.*

*Die Schere packt auch Nahrung.*

**NEUBAU ODER ANBAU?**

Nicht alle Einsiedlerkrebse ziehen um, wenn das Haus zu klein ist. Manche bauen an, indem sie in Eingangsnähe eine Mantelaktinie plazieren. Andere setzen Aktinien oben auf ihr Haus, deren Nesselkapseln ihnen zusätzlichen Schutz gewähren. Dafür erhält die Aktinie Essensreste des Krebses. Manchmal nisten sich im Einsiedlerheim auch Parasiten ein.

*Der weiche Hinterleib dreht sich in die Windungen.*

*Die große Schere verschließt den Eingang.*

**JUNGGESELLENWOHNUNG UND KINDERSTUBE**

Der Gewöhnliche Einsiedlerkrebs sucht sich je nach Größe Gehäuse von Strandschnecken, später von Wellhornschnecken und trägt sie immer mit sich herum. Die Weibchen legen ihre Eier ins Gehäuse, wo sie bis zum Schlüpfen der Larven gut geschützt sind.

# Angriff und Verteidigung

Viele Meeresbewohner verfügen über Waffen zur Verteidigung oder zum Beutefang. Einige Arten stellen Gifte her, worauf ihre auffälligen Farben und Muster hinweisen. So warnen die Streifen des Rotfeuerfischs Feinde vor den Giftstacheln. Da die Fische aber so auffällig sind, müssen sie sich zum Beutefang in dunklen Nischen und Spalten verstecken und warten, bis ein ahnungsloses Opfer vorbeikommt. Kraken tarnen sich durch Farbanpassung. Der australische *Hapalochlaena* zeigt allerdings sofort seine blaugeringelte Warnfärbung, wenn er angegriffen wird. Sie weist darauf hin, daß der Biß dieses Kraken giftig ist. Außerdem beherrschen die Tintenfische einen weiteren Verteidigungstrick: Sie können ihren Rückzug mit einer Tintenwolke tarnen. Die meisten Muscheln können ihre Weichteile in die harte Schale zurückziehen. Die aus der Schale ragenden Tentakel der Feilenmuschel geben eine ekelerregende klebrige Flüssigkeit ab. Doch ganz sicher ist keine dieser Methoden. Es gibt immer Feinde, denen das Gift nichts ausmacht. So können z.B. Meeresschildkröten die giftigsten Quallen verspeisen.

**TÖDLICHER STEIN**
Das Gift des Steinfischs, das die spitzen Stacheln am Rücken einspritzen, verursacht so starke Schmerzen, daß ein Mensch, der auf einen Steinfisch tritt, am Schock sterben kann.

*Die Tintenwolke hüllt die Sepia ein.*

**BLICKSCHUTZ**
Tintenfische geben bei Gefahr eine tintenartige dunkle Flüssigkeit ab. Durch die Tintenwolke den Blicken des Feindes entzogen, können sie dann die Flucht ergreifen. Die Tinte wird mit einem Wasserstrahl durch eine Düse am Kopf ausgestoßen.

*Langer Rückenstachel mit Giftdrüsen in Rinnen*

*Hornartiger Fortsatz über dem Auge*

*Drei giftige Analflossenstrahlen*

*Die Streifen warnen andere Meerestiere vor der Giftigkeit des Rotfeuerfischs.*

**ABSTAND HALTEN**
Die auffälligen Streifen des Rotfeuerfischs warnen vor seinem Gift. Ein Räuber, der einen Rotfeuerfisch angreift, bekommt es unweigerlich mit dessen Giftstacheln zu tun. Wenn er überlebt, vergißt er die unangenehmen Wirkungen des Gifts nie und meidet künftig alle ähnlich gefärbten Wesen. Rotfeuerfische leben in tropischen Gewässern des Indischen und Pazifischen Ozeans. Wegen ihrer Schönheit sind sie trotz ihres Gifts beliebte Aquarienfische.

*Kalktang (eine kalkeinlagernde Rotalge) wächst in dichten Beständen auf steinigem Meeresboden.*

**GEFÄHRLICH BLAU**
Wenn dieser Krake frißt oder sich gestört fühlt, erscheinen auf seiner Haut blaue Ringe. Sie warnen mögliche Feinde vor dem giftigen Biß. *Hapalochlaena lunulata* lebt vor Australien und einigen Pazifikinseln und ist nicht größer als eine Menschenhand. Sein Gift aber ist tödlich.

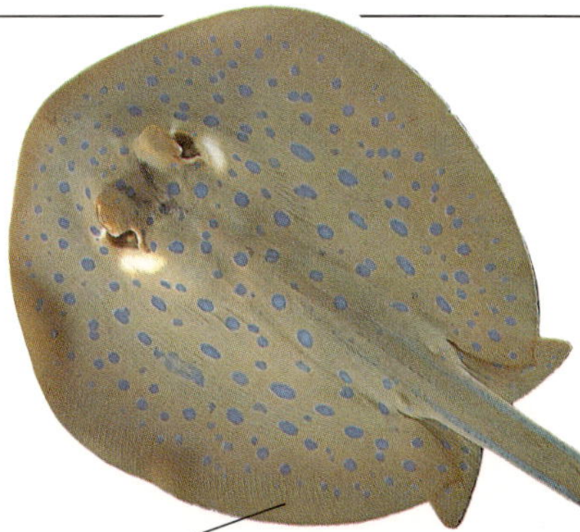

*Die Brustflossen werden zum Schwimmen benutzt.*

*Die giftigen Dornen auf dem Schwanz können die Haut eines Menschen durchdringen.*

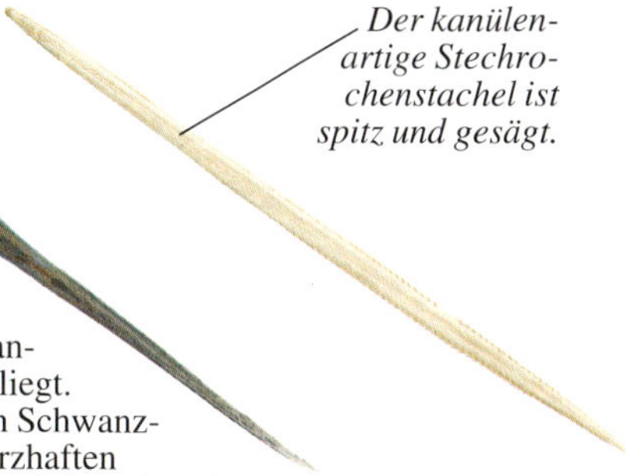

*Der kanülenartige Stechrochenstachel ist spitz und gesägt.*

## GIFTSTACHEL

Der Blaufleckenrochen lebt im Indopazifik und im Roten Meer, wo er oft auf sandigem Boden auf der Lauer liegt. Tritt man auf die stacheligen Schwanzdornen, kommt es zu schmerzhaften Schwellungen, die aber nach einigen Stunden abklingen.

Seeungeheuer (Gemälde, um 1880)

## SEEMANNSGARN

Die Seeleute wußten, daß es im Meer auch gefährliche Lebewesen gibt. Doch die Geschichten, die sie von diesen Ungeheuern erzählten, waren oft stark übertrieben. Vielfach erklärte man mit Seemannsgarn auch Schiffsunglücke.

## FEUERQUALLE

Viele Quallen sind wegen ihres Nesselgifts berüchtigt. Zu den gefährlichsten gehören die Würfelquallen (Seewespen) der tropischen Meere um Australien und Südostasien. Das Berühren ihrer Tentakel, ja selbst ihrer Glocke, kann zu schlimmen Verbrennungen und sogar zum Tode führen.

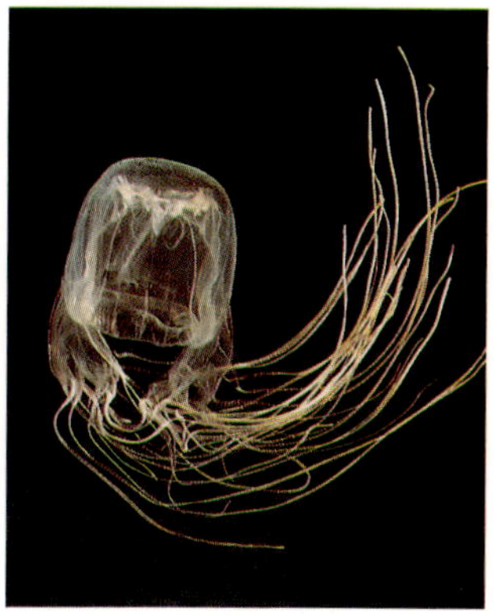

*Auch bei geschlossener Schale bleibt ein Spalt zwischen beiden Schalenhälften.*

*Tentakel immer sichtbar*

## NESTBAUENDE FEILENMUSCHELN *links*

Die Klaffenden Feilenmuscheln können ihre leuchtendorangefarbenen Tentakel nicht in die Schale zurückziehen. Daher bauen sie sich zwischen den Haftscheiben von Tangen ein Schutznest aus Steinen und Muschelschalen, die sie mit Byssusfäden zusammenheften. Außerdem geben die Tentakel einen säurehaltigen, klebrigen Schleim ab, der Feinde abschreckt. Abgefressene Tentakel wachsen nach. Werden Feilenmuscheln zur Flucht gezwungen, können sie sogar schwimmen.

*Die Muschel wird etwa 2,5 cm groß.*

# Düsenantrieb

Raketen werden nach dem Rückstoßprinzip angetrieben. Diese Technik wenden auch Tintenfische und Muscheln an, indem sie einen Wasserstrahl aus ihrer Körperhöhle ausstoßen. Mit diesem „Düsenantrieb“ können sie langsam schwimmen, aber auch schnell flüchten. Am besten beherrschen die Sepien diese Methode. Ihr Körper ist so stromlinienförmig, daß er fast ohne Reibung durchs Wasser schießt. Doch auch der Gemeine Krake, der in felsgrundigen Küstengewässern des Atlantiks, des Mittelmeeres und der Karibik lebt, kann sich bei Gefahr mit Rückstoß davonmachen. Sogar einige Muscheln können sich so fortbewegen, z.B. die Feilen- und die Pilgermuscheln. Sie gehören zu den wenigen schwimmfähigen Muscheln. Die anderen Muscheln leben im Sand vergraben oder am Untergrund festgewachsen.

**GRUSELGESCHICHTEN**
Die Nordischen Sagen erzählen vom Kraken, einem riesigen Seeungeheuer, das seine Arme um Schiffe schlingt und sie in die Tiefe reißt. Der Mythos geht wohl auf Riesenkalmare zurück, die aus der Tiefsee an Land gespült wurden. Lebende Riesenkalmare konnten aber bisher noch nicht beobachtet werden.

**DÜSENANTRIEB**
Die Motoren eines Düsenflugzeugs produzieren Luftstrahlen, die das Flugzeug auf ähnliche Weise vorwärtsbewegen wie der Wasserstrahl einen Tintenfisch.

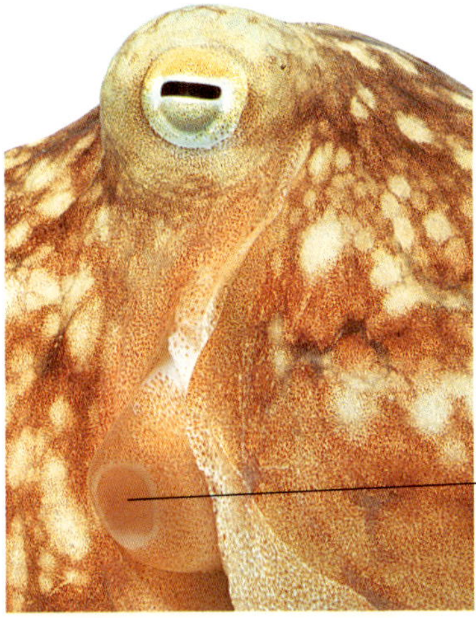


**BIEGSAME DÜSE**
Am Rande des sackartigen „Kopfes“ des Kraken ragt eine Düse aus dem Körper. Sie kann in verschiedene Richtungen gedreht werden. Auf diese Weise bestimmt der Krake die Richtung, in die er schwimmt.

**1 AM GRUND**
Der Gemeine Krake (Oktopus) verbirgt sich bei Tage in seinem Felsversteck. Nachts kommt er heraus und geht auf Krebsjagd. Er nähert sich seinem Opfer vorsichtig, schießt darauf los und wickelt es in seine starken Arme.

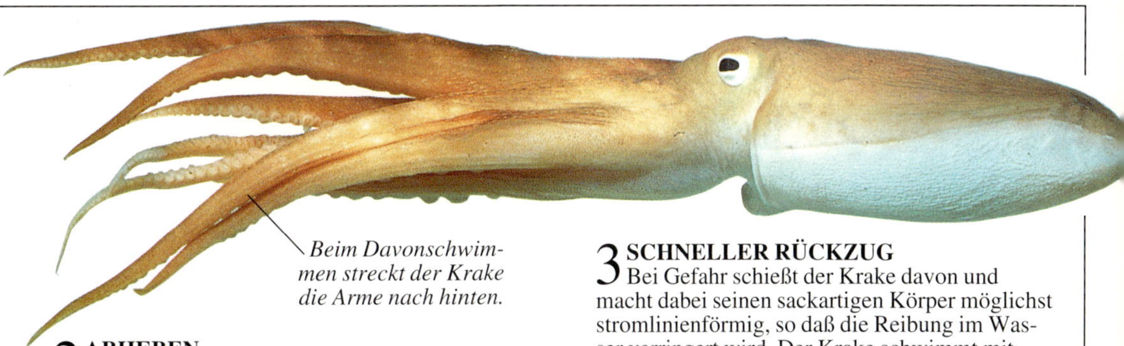


## 2 ABHEBEN

Ein Krake hält sich nach Möglichkeit immer mit einem Arm am Untergrund fest, damit er sich wieder heranziehen kann. Wenn er abhebt, löst er langsam die Arme und stößt Wasser aus der Düse aus. Zum schnellen Schwimmen werden die Arme nach hinten gestreckt.

## 3 SCHNELLER RÜCKZUG

Bei Gefahr schießt der Krake davon und macht dabei seinen sackartigen Körper möglichst stromlinienförmig, so daß die Reibung im Wasser verringert wird. Der Krake schwimmt mit pulsierenden Bewegungen: Er nimmt Wasser in seine Leibeshöhle auf und preßt es durch die Düse wieder aus.

Schwimmende Pilgermuschel

Teilweise geöffnete Pilgermuschel

Kleine Pilgermuscheln am Meeresgrund

## SCHWIMMENDE MUSCHEL

Pilgermuscheln heben vom Boden ab, indem sie Wasser aus ihren Schalen drücken. Wenn sie von einem Ort zum anderen schwimmen, pressen sie Wasser zu beiden Seiten des Schalenschlosses aus. Naht ein Räuber, können sie auch auf der Vorderseite Wasser ausstoßen und mit einem Düsenstrahl, Schloß voran, davonschießen.

**FLIEGENDE FISCHE**
Um Feinden zu entkommen, nehmen Fliegende Fische unter Wasser „Anlauf“, springen aus dem Wasser und gleiten mit ausgebreiteten Flossen durch die Luft.

**SICHER IN DER MENGE**
Oft schwimmen Fische in Schwärmen zusammen (wie diese Schnapper). In der Menge ist der einzelne Fisch sicherer vor Feinden als allein. Die sich bewegende Fischmasse kann den Feind verwirren. Außerdem entdecken viele Augen eine Gefahr schneller als nur zwei.

# Fortbewegung

Jeder Schwimmer weiß, daß es schwerer ist, die Arme durch Wasser zu bewegen als durch die Luft. Das liegt daran, daß Wasser eine viel größere Dichte hat als Luft. Um so schnell zu schwimmen wie ein Delphin oder ein Thunfisch, ist ein stromlinienförmiger Körper notwendig, der den Widerstand des Körpers im Wasser gering hält. Eine glatte Haut ohne Fortsätze läßt ein Tier leichter durchs Wasser gleiten. Einen Vorteil hat die hohe Dichte: Meerwasser trägt so gut, daß Tiere im Meer leben können, die auf der Erde von ihrem Gewicht erdrückt würden, etwa der Blauwal, das mit einem Gewicht von bis zu 190 t größte Tier aller Zeiten. Einige Tiere mit schweren Schalen, z.B. das Perlboot, haben gasgefüllte Schwimmkammern, die ihnen Auftrieb verleihen. Delphine und Fliegende Fische können unter Wasser so stark beschleunigen, daß sie aus dem Wasser schießen und Luftsprünge vollführen. Doch nicht alle Meerestiere sind gute Schwimmer. Viele kommen nur langsam voran, lassen sich von Strömungen treiben, kriechen am Meeresboden umher, graben im Sand oder bleiben fest verankert an einer Stelle.

*Die bräunlich marmorierte Haut des Marmor-Zitterrochens ist glatt.*

*Der Marmor-Zitterrochen wird etwa 60 cm groß, der Schwarze Zitterrochen bis zu 180 cm.*

Schwimmfolge eines Zitterrochens

**SCHWERFÄLLIG**
Am Tag liegen Zitterrochen meist von Sand bedeckt am Meeresboden und verlassen sich zu ihrem Schutz zusätzlich auf ihr elektrisches Organ. Wenn es sein muß, schwimmen sie – allerdings langsam und schwerfällig. Anders als andere Rochen, die mit den Brustflossen durchs Wasser fliegen, können sich Zitterrochen praktisch nur mit dem Hinterkörper und dem Schwanz fortbewegen. Der größte Teil der Brustflossen wird nämlich vom elektrischen Organ eingenommen. Die Bauchflossen können zum Laufen auf dem Sand benutzt werden.

*Das Spritzloch saugt Wasser ein, das durch die Kiemenschlitze am Bauch wieder ausgepreßt wird.*

*Bauchflosse*

**TIEFTAUCHER**
Hundsrobben benutzen ihre paddelartigen Vorderflossen zum Steuern. Vortrieb geben Hinterflossen und Schwanz. Beim Tauchen sind die Nasenlöcher geschlossen, so daß kein Wasser in die Atemwege gelangt. Seehunde (rechts) können bis zu 90 m tief tauchen, den Rekord hält die Weddell-Robbe mit 600 m. Die Taucherkrankheit (S.48) bekommen Robben nicht, weil sie vor dem Tauchen ausatmen und im Gegensatz zum Menschen keine Druckluft atmen. Unter Wasser reicht der im Blut gespeicherte Sauerstoff.

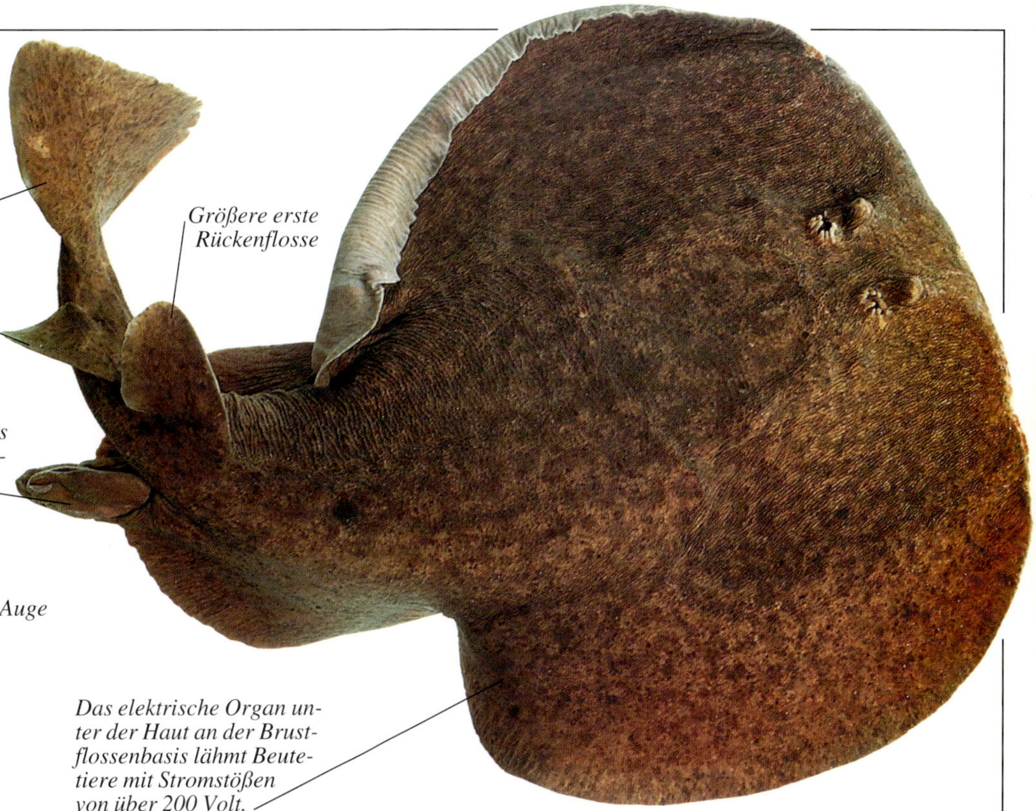


## PADDELBEIN

Die Vorfahren der Wale und Delphine waren vierbeinige Landtiere. In Anpassung an das Leben im Meer wurden die Beine zu flossenartigen Paddeln und die Hinterbeine ganz rückgebildet. Die Flosse eines Delphins ist eine Abwandlung vom Grundtyp des Säugerarms. Die Ober- und Unterarmknochen sind kurz und breit, die fünf Finger zur Stützung der breiten Flosse weit ausgebreitet.

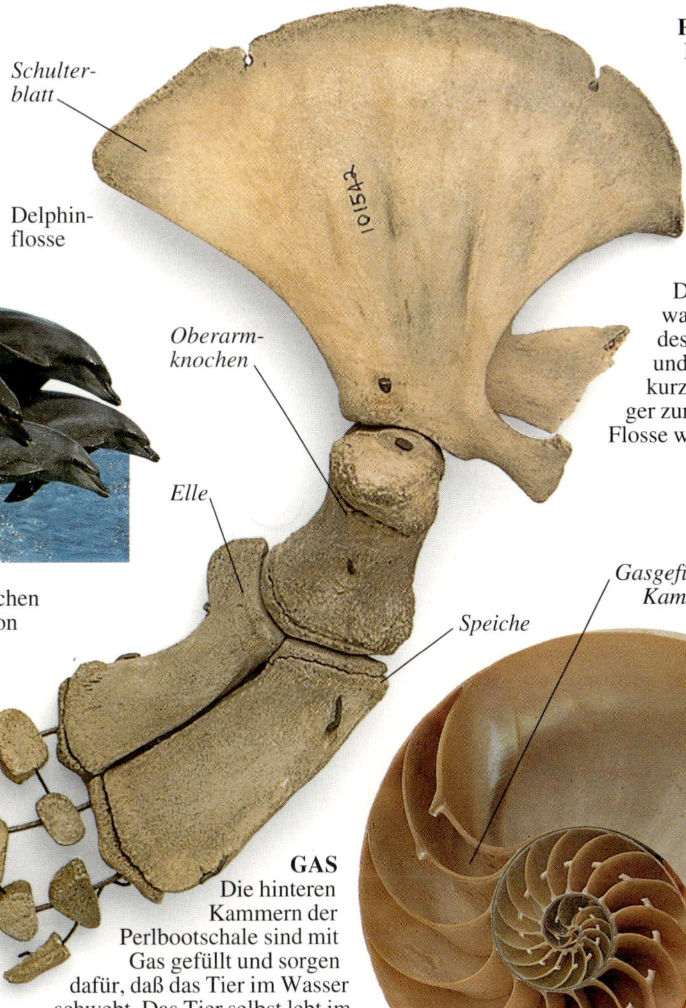
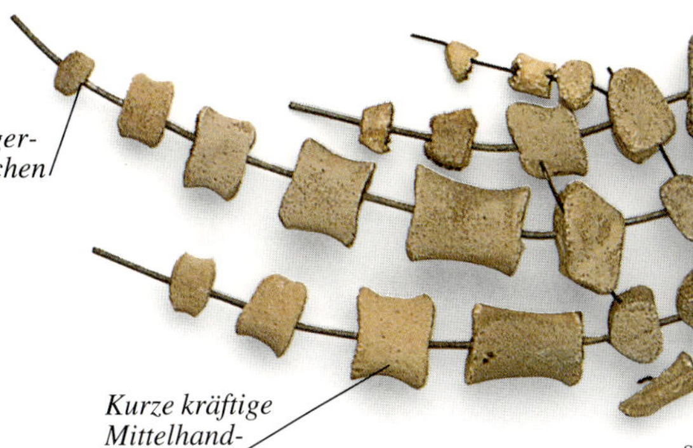


Delphinflosse

## LUFTSPRÜNGE

Delphine springen aus dem Wasser – zum Spaß, beim Beutefang, und um anderen Delphinen etwas mitzuteilen. Sie können auch kurze Strecken auf dem Wasser gleiten. Das geht schneller als Schwimmen, weil der Widerstand der Luft geringer ist als der des Wassers.

Große Tümmler erreichen Geschwindigkeiten von bis zu 27 km/h.

## GAS

Die hinteren Kammern der Perlbootschale sind mit Gas gefüllt und sorgen dafür, daß das Tier im Wasser schwebt. Das Tier selbst lebt immer nur in der vordersten, größten Kammer, aus der die Arme ragen. Wie andere Kopffüßer, z.B. die Kraken, schwimmen die Perlboote (Nautilus) mit Wasserstrahl-Düsenantrieb.

# Wanderer im Meer

Entenmuscheln auf Treibholz

Die Hinterbeinflossen dienen als Steuerruder.

Einige Tiere wandern durch die Weiten der Ozeane, um jeweils die besten Gebiete als Nahrungsgründe und als Kinderstube zu nutzen. Von Walen wie dem Buckelwal weiß man, daß sie in den kalten, nahrungsreichen Polarmeeren fressen, ihre Kinder aber in tropischen Meeren zur Welt bringen. Viele Langstreckenwanderer (Meeresschildkröten, Robben, Vögel) fressen auf hoher See, kommen aber zur Eiablage oder Geburt an Land. Ungewöhnlich ist das Verhalten der Aale. Sie sind Süßwasserfische, gehen aber zur Eiablage ins Meer. Die Jungfische machen sich dann auf die Reise in die Gewässer, aus denen ihre Eltern stammen. Dort entwickeln sie sich zu erwachsenen Fischen. Bei den Lachsen ist es genau umgekehrt: Sie leben im Meer und ziehen zur Eiablage in Flüsse. Viele der Ozeanwanderer lassen sich von Strömungen tragen. Selbst Tiere, die nicht schwimmen können, machen festgeklammert an anderen Tieren, an Treibgut oder Schiffen weite Reisen.

Mit den breiten Paddeln läßt es sich gut schwimmen.

**PER ANHALTER**
Seepocken und Entenmuscheln wachsen auf hartem Untergrund wie Felsen, Holz, Schiffsrümpfen, einige Arten setzen sich sogar auf Walen und Schildkröten fest. Diese Entenmuscheln halten sich an Treibholz fest und können so weit übers Meer reisen. Sie gehören zu den Krebsen, auch wenn das nicht auf den ersten Blick erkennbar ist.

*Die Augen werden größer, wenn der Aal sich auf die Reise ins Meer macht.*

*Die Haut verfärbt sich silbern, ehe der Aal in die Sargassosee wandert.*

*Weidenblattlarve* (Leptocephalus)

*Junger Aal (Glasaal)*

**WUNDERSAME REISE**
Lange wußte niemand, wohin die Europäischen Aale zur Eiablage wandern – nur, daß junge Aale in Massen in die Flüsse zurückkehren. Ende des 19.Jh.s entdeckten Wissenschaftler die weidenblattähnlichen Larven, aus denen Glasaale werden. Später fand man heraus, daß die kleinsten Larven aus der Sargassosee im Westatlantik kommen, wo die Aale in großer Tiefe laichen. Die Larven treiben dann mit Strömungen zur europäischen Küste, wo sie sich in Glasaale verwandeln.

*Schlepptentakel mit hochgiftigen Nesselkapseln*

**PORTUGIESISCHE GALEERE**
Die Portugiesische Galeere ist eine Staatsqualle, d.h. kein Einzeltier, sondern eine Kolonie von Quallen, bei denen jedes Einzeltier eine bestimmte Körperfunktion übernommen hat. Sie besitzt ein gasgefülltes Floß, das sie auf dem Wasser schwimmen läßt, wo Winde und Strömungen sie treiben.

Bewegungsfolge der Suppenschildkröte

## UNTERWASSERFLIEGER

Suppenschildkröten leben in warmen Gewässern im Atlantik, Pazifik und im Indischen Ozean. Wie alle Meeresschildkröten kommen sie zur Eiablage an Land. Die Weibchen paaren sich im seichten Wasser mit den Männchen. Dann kriechen sie im Schutz der Dunkelheit an einen Strand und legen ihre Eier im Sand ab, um anschließend wieder ins Meer zu robben. Zum Teil kehren sie mehrmals in einer Brutsaison zurück, um weitere Gelege zu vergraben. Von einigen Schildkröten weiß man, daß sie viele hundert Kilometer zu dem Brutgebiet wandern, in dem sie einst selbst aus dem Ei geschlüpft sind.

*Stromlinienförmiger Panzer*

*Mit den Vorderpaddeln „fliegt" die Schildkröte durchs Wasser.*

*Schildkröten sind Lungenatmer und müssen daher zum Luftholen an die Oberfläche kommen.*

Die Suppenschildkröte (*Chelonia mydas*) steht auf der Liste gefährdeter Tierarten.

## SCHILDKRÖTENZEIT

In einer japanischen Sage reitet Urashima Taro auf einer Schildkröte ins Reich des Meeres. Nach einiger Zeit bittet er die Göttin des Meeres, ihn nach Hause gehen zu lassen. Sie erlaubt es ihm, gibt ihm aber eine Schachtel mit, die er niemals öffnen darf. Zu Hause stellt er fest, daß alles anders ist und niemand ihn kennt. Verzweifelt erhofft er sich Hilfe von der Schachtel. Er öffnet sie und wird plötzlich uralt. Denn er war nicht, wie er glaubte, drei Jahre im Meer, sondern 300.

# Im Dämmerlicht

Zwischen den sonnenbeschienenen oberen Wasserschichten und der nachtschwarzen Tiefsee erstreckt sich in 200 bis 1000 m Tiefe das dämmrige Mesopelagial. Viele Fische dieser Zone haben Leuchtorgane an der Körperunterseite, die sie gegen das wenige Licht tarnen, das von oben herabdringt. Das Leuchten wird durch chemische Reaktionen in den Zellen des Tieres oder von Bakterien hervorgerufen, die in den Leuchtorganen leben. Viele Tiere, darunter einige Laternenfische und eine Reihe von Tintenfischen, verbringen nur den Tag im Mesopelagial. Nachts begeben sie sich in höhere, nahrungsreichere Wasserschichten. Dann ist dort die Gefahr, von Vögeln oder anderen Tagjägern gefressen zu werden, geringer. Andere Arten, z.B. der Lanzenfisch, leben ständig in der Dämmerzone und fressen, was sie dort finden. Der dünne Lanzenfisch hat einen sehr dehnbaren Magen, so daß er eine große Mahlzeit verschlingen kann, wenn sie sich ihm bietet.

**JÄGER DER TIEFE**
Die Viperfische locken ihre Beute mit einem von der Rückenflosse herabbaumelnden Köder an und packen dann zu. Ihre Zähne sind so lang, daß sie selbst bei geschlossenen Kiefern aus dem Maul ragen. Die Kiefer können weit ausgehakt werden, so daß auch größere Beute als z.B. ein Beilfisch (oben links) hineinpaßt.

**RIESENTINTENFISCH**
Über 0,5 m lange Kalmare gelten als Riesenkalmare. Die größten werden 1 t schwer. Mit den Saugnäpfen an den Armen ergreifen sie auch schlüpfrige Beute. Mache Pottwale haben saugnapfartige Narben von Kämpfen mit Kalmaren.

**WASSERMANN**
Es gibt viele eigenartige Wesen im Meer, doch solch eines wird man wohl kaum finden.

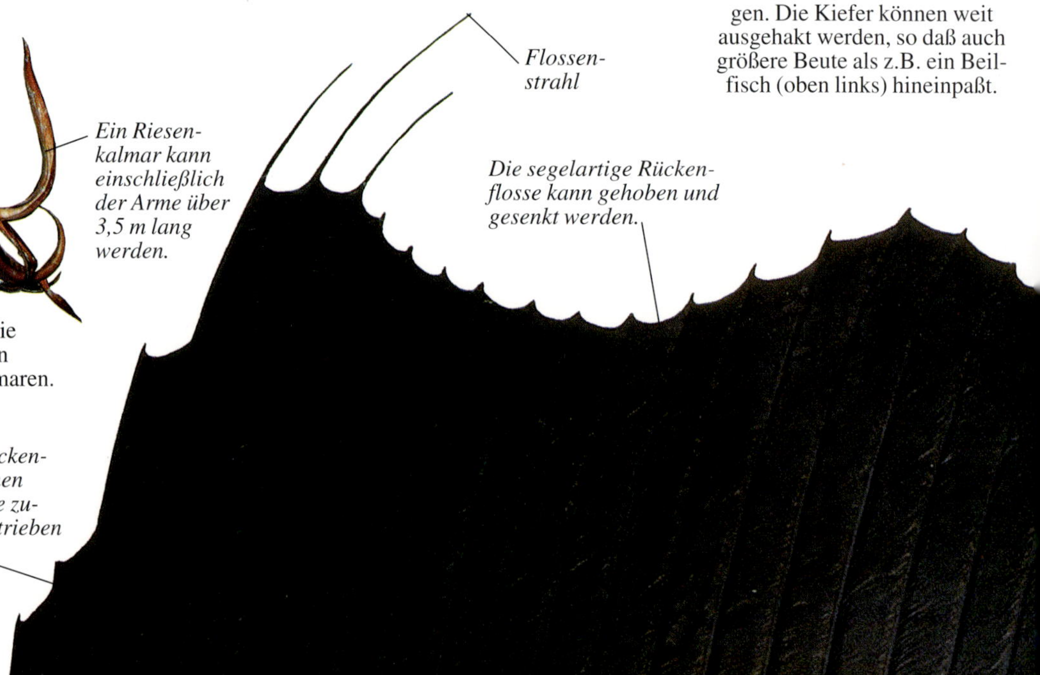

Modell eines Lanzenfischs

**LANG UND DÜNN**
Der Lanzenfisch wiegt nur etwa 2 bis 3 kg, denn sein schlanker Körper hat leichte Knochen. Der mit den Lachsen verwandte geschickte Räuber fängt Beilfische und Kalmare.

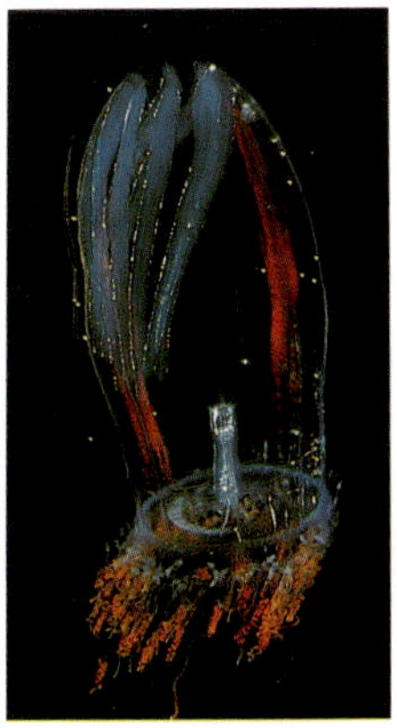

**GLÄSERNE QUALLE**

In allen Meeren der Welt kommen von der sonnenbeschienenen oberen Wasserzone bis in 700 m Tiefe Trachymedusen wie *Aglantha* vor. Von der langgestreckten durchsichtigen Glocke, die bei Lichteinfall in Regenbogenfarben schillert, hängen Tentakel ins Wasser, mit denen das Hohltier winzige Beutetiere fängt.

**SILBERBEIL**

Woher dieser Fisch seinen Namen hat, ist unschwer zu erraten. Neben der silbrigen Färbung dienen Leuchtorgane an Bauch und Schwanz dazu, daß der Fisch von unten gegen das hellere Oberflächenwasser kaum zu erkennen ist. Das Leuchten darf nicht zu grell sein, sondern muß immer dem Lichteinfall von oben entsprechen. Verschiedene Beilbaucharten leben im Atlantik, im Pazifik und im Indischen Ozean.

**HOCHGUCKER**

Dieser Fisch ist mit dem Silberbeil (oben) verwandt. Er hat große Teleskopaugen, die nach oben schauen, so daß er über ihm schwimmende Beute wie Tiefsee-Staatsquallen ausmachen kann. Die scharfen Augen nehmen noch den schwächsten Lichtschimmer einer Beute wahr. Der Hochgucker lebt rund um die Erde in Meeren mit warmen Oberflächenschichten.

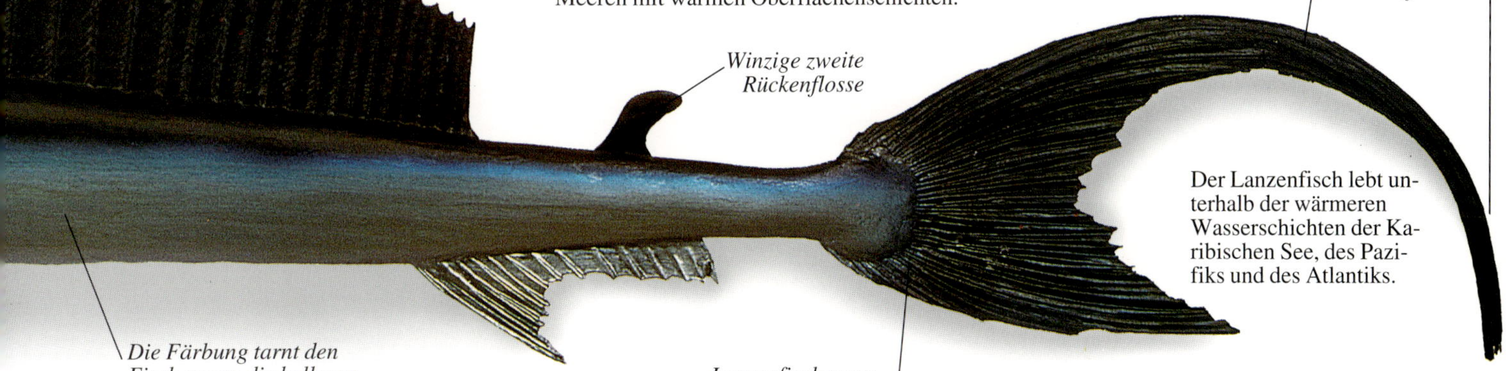


Der Lanzenfisch lebt unterhalb der wärmeren Wasserschichten der Karibischen See, des Pazifiks und des Atlantiks.

# Im Dunkel der Tiefsee

Unterhalb von 1000 m herrscht tiefschwarze Nacht. Viele Fische dieser Region sind ebenfalls schwarz und damit unsichtbar. Mit Leuchtorganen senden sie Signale aus, die Geschlechtspartner oder Beute anlocken. Nahrung ist knapp in den kalten, dunklen Tiefen. Letztlich sind alle dort lebenden Tiere auf das angewiesen, was aus oberen Schichten herabsinkt. Tiefseefische nutzen jede der wenigen Gelegenheiten zur Nahrungsaufnahme. Mit ihren dehnbaren Mägen und riesigen Mäulern können sie große Portionen verschlingen. Die Fische sind oft klein und haben sehr leichte Knochen. Aufgrund ihres geringen Gewichts können sie sich (auch ohne gasgefüllte Schwimmblase, wie Fische höherer Regionen sie haben) in einer bestimmten Tiefe treiben lassen, ohne aktiv schwimmen zu müssen.

*Seitenlinienorgane registrieren Wasserbewegungen, die von Beutetieren verursacht werden.*

**GROSSE KLAPPE**
Mit seinem weit aufgerissenen riesigen Sackmaul ist der Pelikanaal stets bereit, alles zu verschlingen, was ihm in die Quere kommt, u.a. Garnelen und kleine Fische. Erwachsene Pelikanaale leben im Mesopelagial und im Bathypelagial. Die jungen Pelikanaale ähneln den Weidenblattlarven der Europäischen Aale und leben in Tiefen von 100 bis 200 m. Je größer sie werden, desto tiefer dringen sie in die Dunkelheit der unteren Meeresregionen vor.

*Pelikanaale werden von der Maulspitze bis zur Spitze des langen Schwanzes etwa 75 cm lang.*

*Winziges Auge an der Nasenspitze*

Pelikanaale leben in der Tiefsee in Meeren der Tropen und der gemäßigten Zonen.

*Langgestreckter Unterkiefer*

**ANGELRUTE**
Der Tiefseeangler *Gigantactis macronema* besitzt eine lange Köderleine, mit der er Beutetiere anlockt. Im Gegensatz zu einer richtigen Angelrute hat sie aber keinen Haken am Ende, so daß die Beute nicht eingeholt werden kann, sondern immer näher ans Maul herangelockt werden muß.

**HORRORFILM**
Filme mit Tiefseeungeheuern finden immer wieder Anklang (oben: Werbeplakat für einen Hollywoodfilm). Die Tiefsee ist auch heute noch weitgehend unerforscht, so daß man immer wieder auf neue bizarre Arten stoßen kann. Da es in der dunklen Tiefe nur wenig Nahrung gibt, sind die meisten jedoch klein.

Gigantactis macronema *wird bis zu 13 cm groß.*

Modell eines *Gigantactis macronema* (Atlantik und Pazifik)

**TELESKOPAUGEN**
Die kugelige Linse des Teleskopfischauges sitzt auf einem langen Rohr, das starr nach vorn gerichtet ist. Möglicherweise kann der Fisch damit Beutetiere an ihrem durch die Leuchtorgane erzeugten „kalten Leuchten" erkennen.

*Unterer Teil der Schwanzflosse viel länger als der obere*

## ANGELN

Dieser Anglerfisch lebt am Boden flacherer Gewässer. Mit einem wurmartigen Fortsatz an der Rückenflosse lockt er Beute an. Will ein Fisch den vermeintlichen Wurm schnappen, endet er im Magen des Anglerfischs.

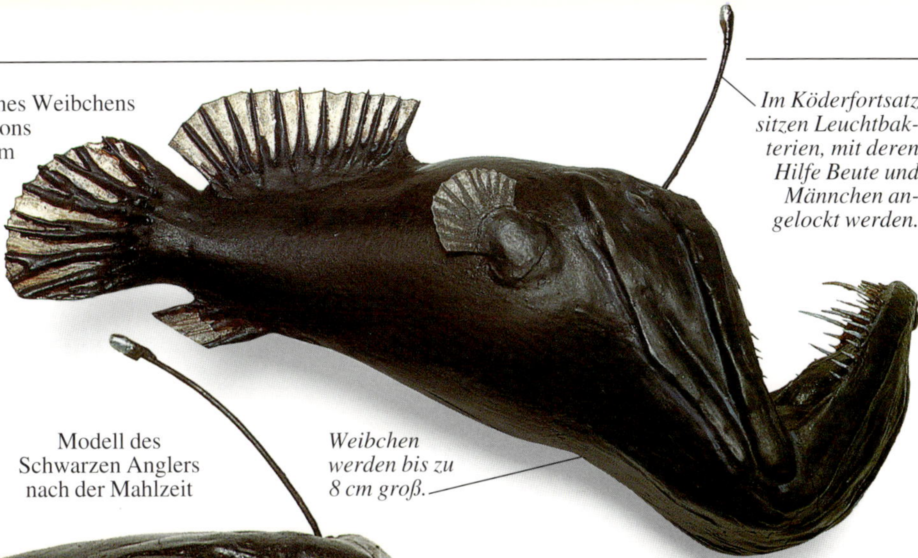

Modell eines Weibchens von Johnsons Schwarzem Angler (*Melanocetus johnsoni*) vor der Mahlzeit

*Im Köderfortsatz sitzen Leuchtbakterien, mit deren Hilfe Beute und Männchen angelockt werden.*

*Weibchen werden bis zu 8 cm groß.*

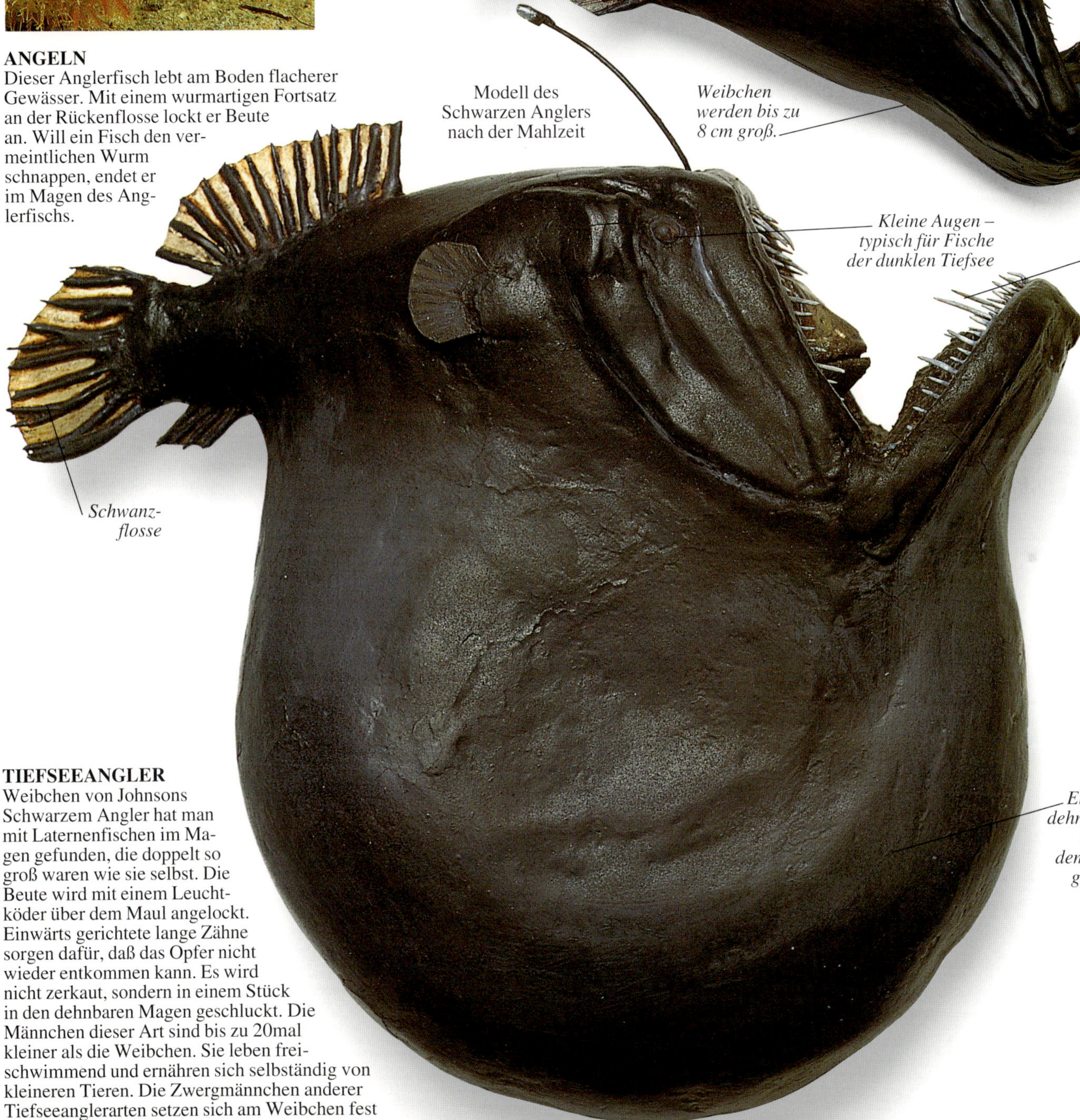

Modell des Schwarzen Anglers nach der Mahlzeit

*Kleine Augen – typisch für Fische der dunklen Tiefsee*

*Die Zähne sind einwärts gebogen, so daß große Beute in den Magen rutschen kann.*

*Schwanzflosse*

*Ein gewaltiger, dehnbarer Magen ermöglicht es dem Anglerfisch, große Beute zu verschlingen.*

## TIEFSEEANGLER

Weibchen von Johnsons Schwarzem Angler hat man mit Laternenfischen im Magen gefunden, die doppelt so groß waren wie sie selbst. Die Beute wird mit einem Leuchtköder über dem Maul angelockt. Einwärts gerichtete lange Zähne sorgen dafür, daß das Opfer nicht wieder entkommen kann. Es wird nicht zerkaut, sondern in einem Stück in den dehnbaren Magen geschluckt. Die Männchen dieser Art sind bis zu 20mal kleiner als die Weibchen. Sie leben freischwimmend und ernähren sich selbständig von kleineren Tieren. Die Zwergmännchen anderer Tiefseeanglerarten setzen sich am Weibchen fest und lassen sich von ihm umhertragen und ernähren.

*Ungewöhnliche, teleskopartige Augen*

Modell eines Teleskopfischs (*Gigantura chuni*)

## WIE GUMMI

*Atolla*-Quallen leben in allen Weltmeeren. Ihr gallertiger Körper ist rötlich-braun – typisch für Tiefseequallen. Wie die meisten Quallen fängt *Atolla* ihre Beute mit Nesselfäden. Bei Störung strahlt sie einige Sekunden lang ein blaues Licht ab.

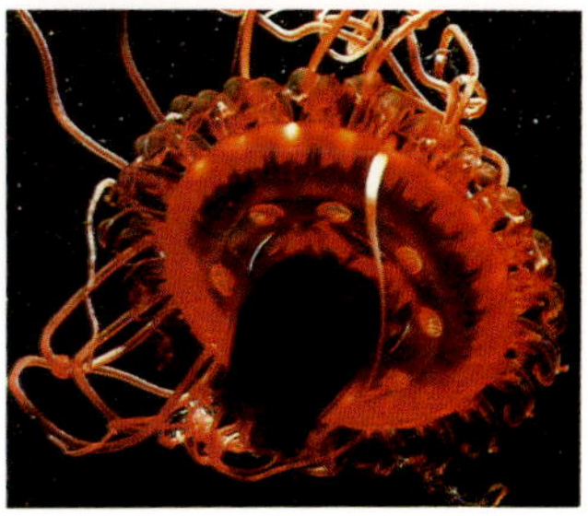

# Am Meeresgrund

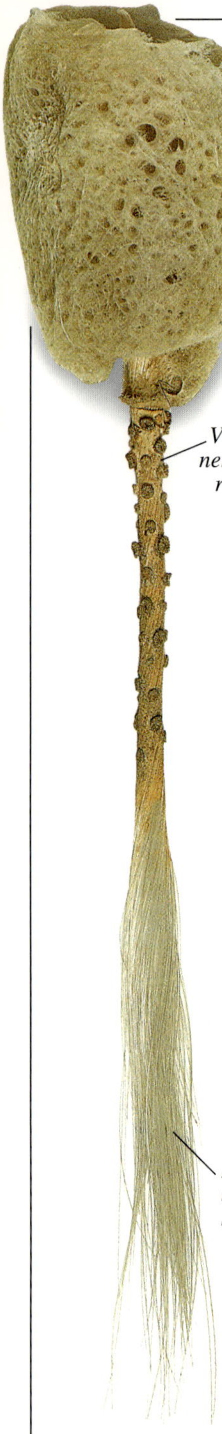

Um 1870 wurden quer durch den Atlantik unterseeische Telegrafenkabel verlegt.

Am Grund der Tiefsee gibt es wenig Nahrung, und es ist kalt und dunkel. Weite Teile des Meeresbodens sind mit weichem Schlick oder schlammigen Ablagerungen von den Skeletten winziger Tiere und Pflanzen bedeckt. Auf den großen Tiefsee-Ebenen kann diese Ablagerungsschicht mehrere hundert Meter dick sein. Tiere, die über diesen weichen Boden laufen, haben lange Beine, die den Schlamm nicht aufwirbeln. Diejenigen, die im Boden verankert leben, sind mit langen Stengeln ausgestattet, so daß der Schlamm ihre Freßorgane nicht verstopft. Zum Ausfiltern von Nahrungsteilchen aus dem Wasser dienen z.B. die fedrigen Arme der Seelilien oder die Poren der Schwämme. Manche Tiere, z.B. die Seegurken, entnehmen ihre Nahrung den Ablagerungen am Meeresgrund. Sie verwerten die Reste von toten Tieren und Pflanzen (oder auch Ausscheidungen von Tieren), die auf den Boden gesunken sind. Gelegentlich sinkt ein größerer Tierkörper auf den Grund – ein Fest für die fortbewegungsfähigen Meeresgrundbewohner, die bald von überall herbeiströmen. Da Nahrung knapp und die Temperaturen niedrig sind, wachsen die meisten Tiefseebodenbewohner nur sehr langsam.

**GLASSCHWAMM**
Dieser Schwamm wächst am Meeresboden. Er ist mit glasfaserartigen Strängen im Boden verankert. Oft wachsen darauf Seeanemonen. Stirbt so ein Glasschwamm, zerfällt der becherförmige Körper. Übrig bleibt der im Boden verankerte Glasfaserstiel.

**KEINE SPINNE**
Sie erinnern mit ihren acht langen Beinen an Spinnen und sind auch entfernt mit ihnen verwandt: die ausschließlich meeresbewohnenden Asselspinnen (Panthopoden). Einige Tiefsee-Asselspinnen erreichen (mit Beinen) einen Durchmesser von 60 cm und können über den weichen Schlamm laufen, ohne ihn aufzuwirbeln.

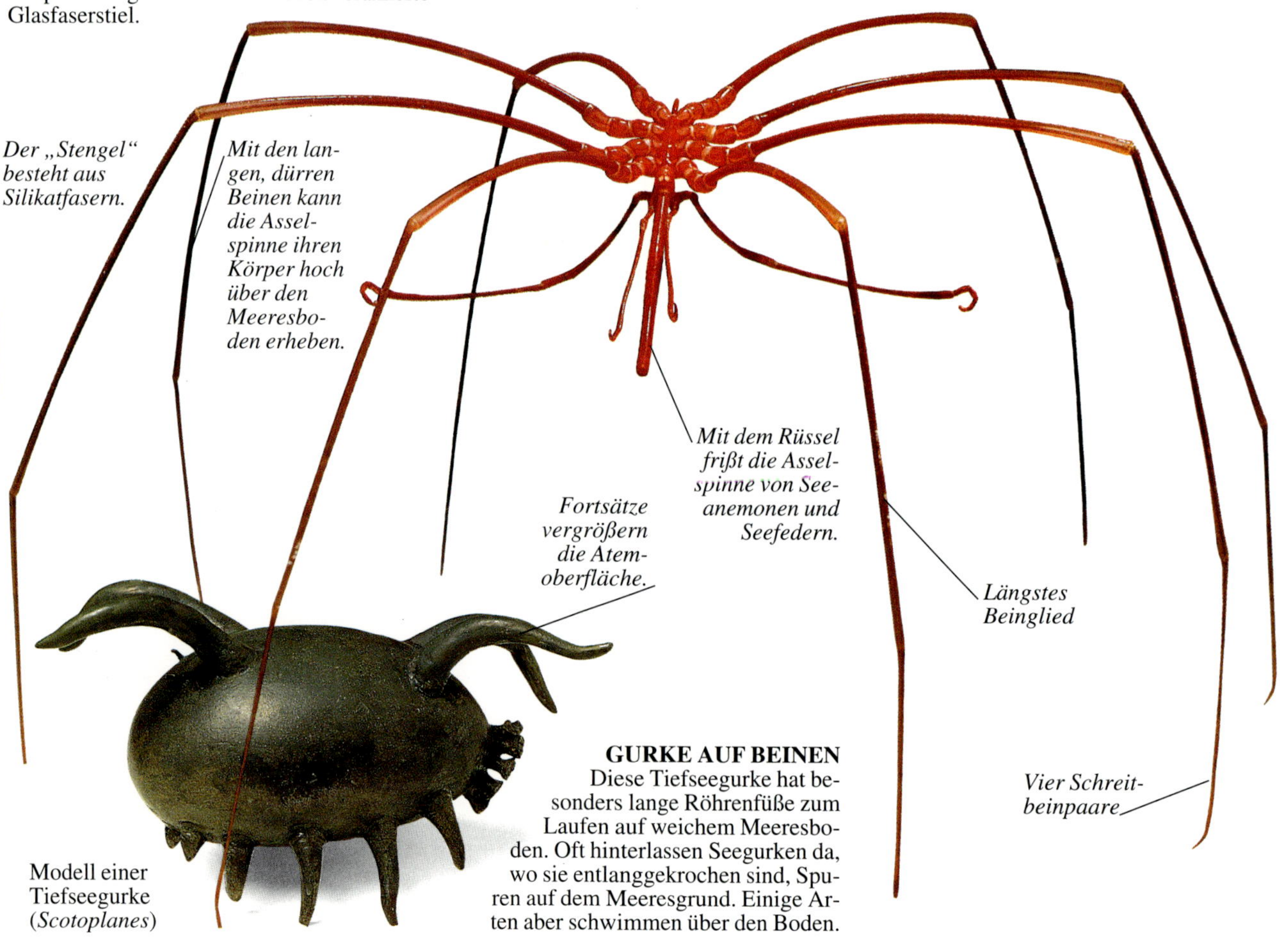


Modell einer Tiefseegurke (*Scotoplanes*)

**GURKE AUF BEINEN**
Diese Tiefseegurke hat besonders lange Röhrenfüße zum Laufen auf weichem Meeresboden. Oft hinterlassen Seegurken da, wo sie entlanggekrochen sind, Spuren auf dem Meeresgrund. Einige Arten aber schwimmen über den Boden.

*Aus der Tiefe gefischte Exemplare werden zwecks Konservierung getrocknet.*

*Die langen Arme ergreifen vorbeitreibende Beute.*

*Die Arme des Schlangensterns umklammern eine Seefeder als Stütze.*

Getrocknete Tiefsee-Schlangensterne (*Asteronyx loveni*)

*Der Seefederstengel wächst vom Meeresgrund empor.*

### ARM IN ARM

Diese Schlangensterne (Medusenhäupter) leben meist um Seefedern am Meeresgrund gewickelt. Mit ihren langen, schlangenartigen Armen klammern sie sich an der Seefeder fest und fangen Nahrungsteilchen aus dem Wasser. So erbeuten sie mehr Nahrung, als wenn sie über den Meeresboden kriechen. Sowohl Schlangensterne als auch Seefedern findet man auf dem Boden aller Weltmeere in nahezu jeder Wassertiefe. Die abgebildeten Medusenhäupter leben in 100 bis 1800 m Tiefe.

### TIEFSEELILIE

Seelilien fangen mit ihren fedrigen Armen Nahrungsteilchen aus dem Wasser. Einige Arten leben am Grund der Tiefseegräben, in Tiefen von bis zu 8000 m. Manche sind mit „Wurzeln" und „Stengeln" im Boden verankert, andere krallen sich mit dornenartigen Zirrenkränzen fest. Die Zirrentragenden Seelilien können mit ihren Armen über den Boden laufen. Die Stiele schleifen sie dabei hinter sich her.

Zeichnerische Darstellung einer Tiefseelilie

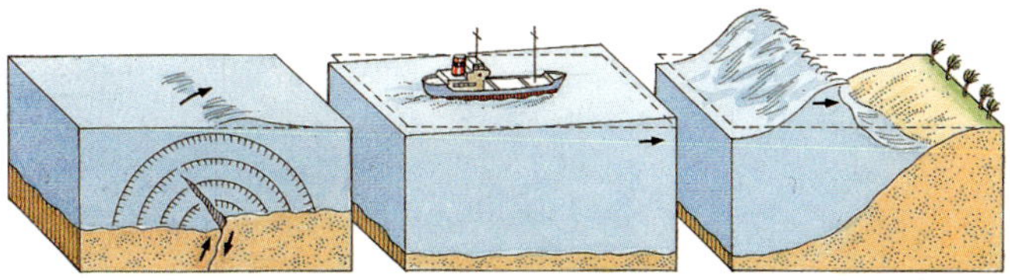

### KATASTROPHALE WELLEN

Tsunamis entstehen in der Tiefsee. Plattenbewegungen oder untermeerische Beben bewirken Verschiebungen des Ozeanbodens, durch die Wasser verdrängt wird. An der Meeresoberfläche macht sich dies in Form von 30 bis 60 cm hohen Wellen bemerkbar. Die Wellen breiten sich aus und türmen sich in flachem Wasser zu Wasserbergen auf, die zerstörerisch über die Küste hereinbrechen.

### VENUSKÖRBCHEN

Der um Japan und die Philippinen heimische Gießkannenschwamm sieht wie eine Reuse oder ein Körbchen aus und fängt Asseln oder Garnelen, die meist als Pärchen geschützt, aber gefangen in ihm leben. Deshalb gilt er den Einheimischen als Sinnbild ehelicher Treue und wird Hochzeitspaaren als „Venuskörbchen" geschenkt.

*Öffnung mit Siebplatte verschlossen*

*Diese Glasskelette gehören zu den schönsten Schwammskeletten überhaupt.*

Getrocknete Skelette von Gießkannenschwämmen (*Euplectella aspergillum*)

# Tiefseeoasen

Wo Platten der Erdkruste auseinanderdriften, steigt Magma aus dem Erdinneren in die entstandene Lücke auf. Kaltes Wasser, das durch Risse des Meeresbodens sickert, kommt mit dem überhitzten Gestein über dem Magma in Kontakt. Es heizt sich auf und nimmt Mineralien auf. Dabei bildet sich Schwefelwasserstoff. Mit Temperaturen von bis zu 400 °C dringt das Wasser wieder aus dem Meeresboden. Mineralien fallen aus und bilden Schlote. Schwefelbakterien, die in Organismen in der Umgebung der heißen Quellen zu Hause sind, dient der Schwefelwasserstoff als Energiequelle. Sie stellen durch Chemosynthese Nährstoffe her und werden dafür von ihren Wirtsorganismen geschützt. 1977 entdeckte man solche Lebensgemeinschaften erstmals im Pazifik, in der Nähe der Galapagosinseln. Seither hat man derartige Tiefseeoasen auch an anderen Stellen im Pazifik und am Mittelatlantischen Rücken gefunden.

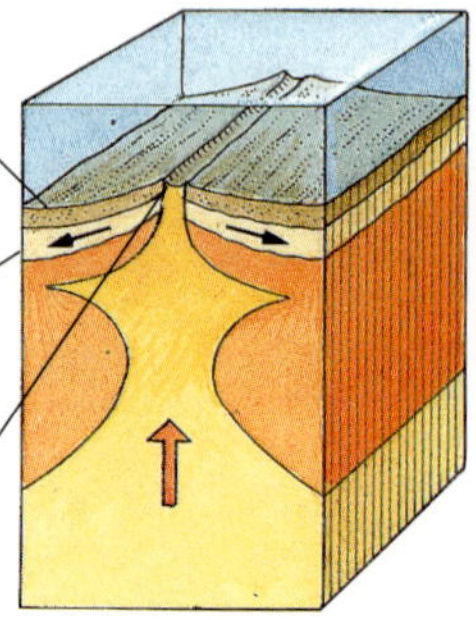


**MEERESWACHSTUM**
Entlang den untermeerischen Rücken, an denen Platten auseinanderweichen, entsteht ständig neuer Meeresboden. Wenn heißes, geschmolzenes Gestein (Lava) austritt, kühlt es sich ab und wird hart. So wird den Plattenrändern neues Gesteinsmaterial hinzugefügt. Wo Platten untereinander wegtauchen (Subduktionszonen), wird dagegen Meeresboden „geschluckt".

*Kommen Tiere einer heißen Quelle zu nahe, werden sie regelrecht gekocht.*

**RAUCHENDE SCHLOTE**
An untermeerischen Schwefelquellen wie hier am Mittelatlantischen Rücken gedeiht viel Leben. Sobald aber die Quelle kein schwefelreiches heißes Wasser mehr abscheidet, ist es damit vorbei. Tiere an versiegenden Quellen müssen sich eine neue Heimat suchen und wandern oft Hunderte von Kilometern über kalten, wüstenähnlichen Meeresboden.

Untermeerische heiße Quellen mit Schloten im östlichen Pazifik (Modell)

An einem Schlot am Mittelatlantischen Rücken von Alvin fotografierter Tiefseefisch

Tauchboot *Alvin* mit Mutterschiff *Atlantis II*

**TIEFSEE-TAUCHBOOT**

Mit dem US-amerikanischen Tauchboot *Alvin* gelang es Wissenschaftlern erstmals, Meereslebewesen am Galapagosrift zu beobachten. Seither hat *Alvin* viele Tauchgänge zu untermeerischen Quellen in aller Welt unternommen – bis in Tiefen von 3800 m. Auch Tauchbooten anderer Länder sind solche Tiefsee-Expeditionen gelungen, u.a. der französischen *Nautile* (S.54–55) und den russischen *Mir I* und *Mir II.*

*Solch ein „Schwarzer Raucher" kann 10 m hoch werden.*

*Mineralien aus dem heißen Wasser fallen im kalten Tiefseewasser aus und bilden Schlote.*

**SCHLOTGESELLSCHAFT**

Dieses Modell zeigt eine Lebensgemeinschaft an „Black Smokers" (Schwarze Raucher) im Ostpazifik. Hier fallen vor allem die riesigen Muscheln und Röhrenwürmer auf. An den heißen Quellen in anderen Meeren finden sich andere Tiergesellschaften, am Marianengraben z.B. haarige Schnecken und am Mittelatlantischen Rücken augenlose Garnelen.

*Diese Röhrenwürmer werden bis zu 3 m lang.*

*Im Körper des Riesenröhrenwurms leben Schwefelbakterien, die ihn mit Nahrung versorgen.*

# Taucher

Seit jeher haben Menschen davon geträumt, das Meer zu erforschen, versunkene Schätze zu heben, Perlen zu fischen, nach Schwämmen zu tauchen oder einfach die phantastische Unterwasserwelt zu bestaunen. In jüngerer Zeit brauchte man Taucher auch für die Suche nach Öl. Die ersten Tauchversuche unternahm man mit einfachen Glocken, die Luft enthielten und unten offen waren, so daß Taucher am Meeresgrund arbeiten konnten. Später benutzte man Taucheranzüge mit Metallhelmen. Luft wurde mit einer Pumpe über einen Schlauch zugeführt. 1943 erfanden Jacques Cousteau und Émile Gagnan die Aqualunge (auch SCUBA = Self-Contained Underwater Breathing Apparatus). Seither können Taucher in Stahlflaschen auf dem Rücken Druckluft zum Atmen mitführen. Außerdem gibt es heute gute und bequeme Taucheranzüge und Tauchermasken.

**UNTERWASSERARBEITER**
Dieser Taucher trägt einen Isolieranzug. Luft wird über einen Schlauch von der Wasseroberfläche in den Helm geführt. Die Taille umschließt ein bleibeschwerter Werkzeuggürtel. Die biegsamen Stiefel erlauben auch Klettern.

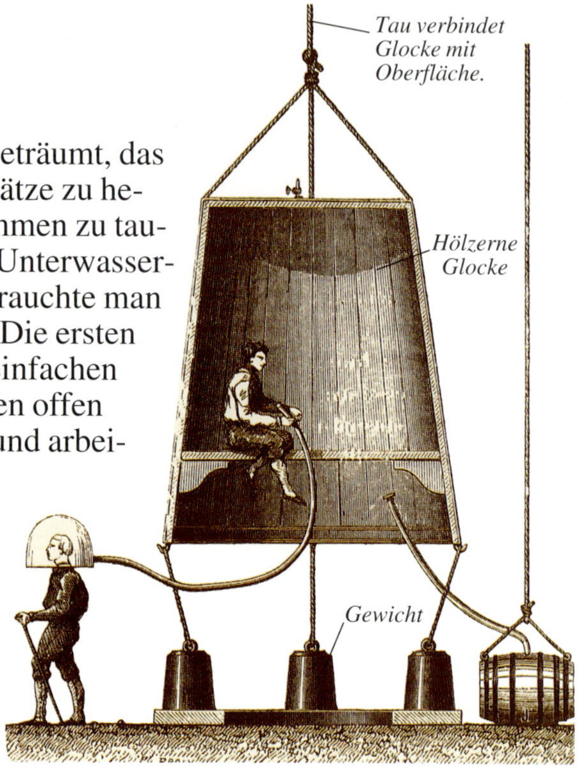


**FRÜHE TAUCHERGLOCKEN**
1690 erfand Edmund Halley eine Taucherglocke, in der und von der aus Taucher mit Luft versorgt werden konnten. Die Luft wurde in mit Blei ausgekleideten Fässern von der Überwasserstation herabgelassen und über Lederschläuche in die Glocke geleitet. Mit der Taucherglocke konnte man bis in 18 m Tiefe vordringen.

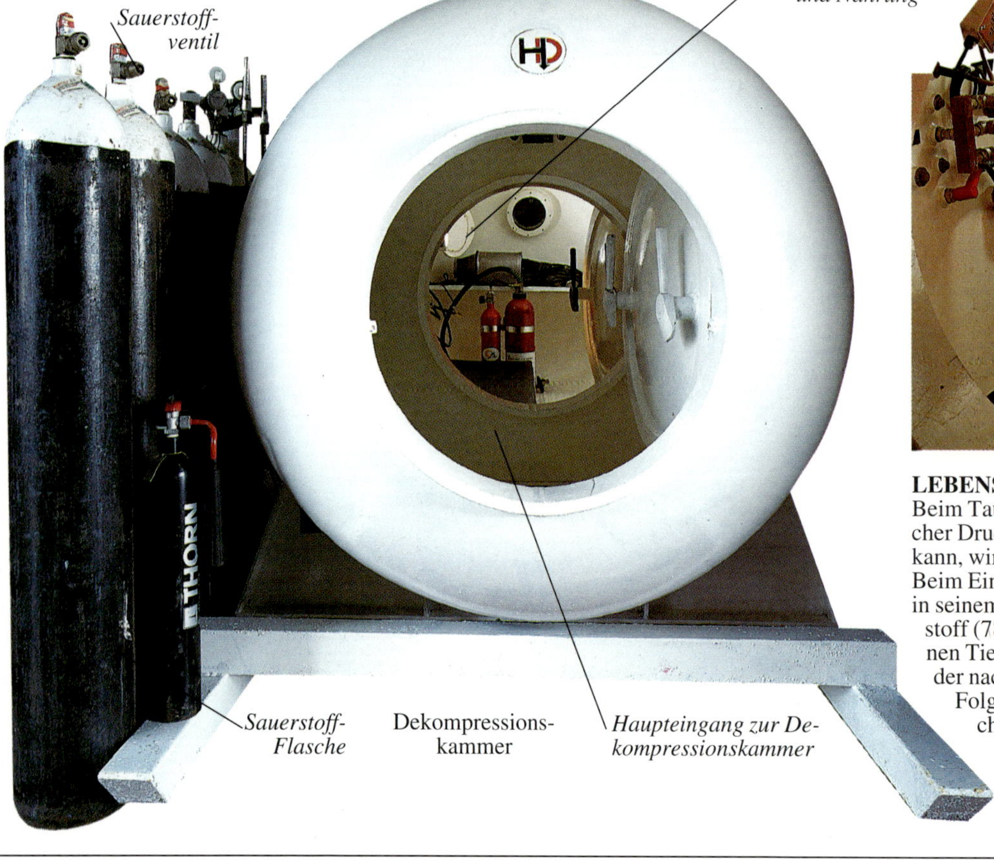


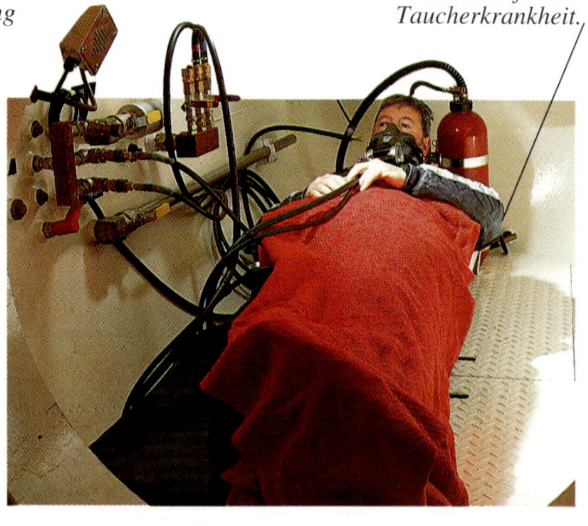


**LEBENSRETTER**
Beim Tauchen üben die Wassermassen über dem Taucher Druck auf den Körper aus. Damit der Taucher atmen kann, wird die Luft unter dem gleichen Druck zugeführt. Beim Einatmen von Druckluft aber lösen sich Atemgase in seinem Blut. Ein besonderes Problem stellt der Stickstoff (78% der Luft) dar. Er versetzt den Taucher in einen Tiefenrausch. Steigt er zu schnell wieder auf, läßt der nachlassende Druck den Stickstoff ausperlen. Die Folge ist eine gefährliche Stickstoffembolie (Taucherkrankheit). Mit Dekompressionskammern (oben, links) kann man die lange Auftauchzeit, die ein Taucher bei großen Tauchtiefen benötigt, an Bord eines Schiffs verlegen bzw. die Taucherkrankheit behandeln.

Ein alter Taucheranzug

*Gewicht: etwa 13 kg*

*Der Taucher trägt vorn und hinten je ein Gewicht.*

**ALTER TAUCHERANZUG**
In den 1830er Jahren erfand Augustus Siebe den „Standard"-Taucheranzug. In abgewandelter Form wird dieser Panzertaucheranzug noch heute verwendet. Er besteht aus Lagen von Segeltuch und Gummi und ist widerstandsfähig und wasserdicht. Der Helm aus Kupfer und Messing paßt auf eine schwere Brustplatte, die am Anzug verschraubt wird. Der Taucher trägt Lederstiefel mit schweren Bleisohlen und zusätzlich zwei Gewichte. Für das Anlegen dieser Montur brauchte man eine halbe Stunde. Man konnte damit bis zu 60 m tief tauchen.

*Über das Zweiwege-Kommunikationssystem im Helm kann sich der Taucher mit jemandem über Wasser verständigen.*

*Helm aus Kupfer und Messing*

*Blickscheibe*

*Schraubenschlüssel zum Festdrehen der Schrauben an der Brustplatte*

*Die Brustplatte wird mit sechs bis zwölf Schrauben und Muttern am Anzug verschraubt.*

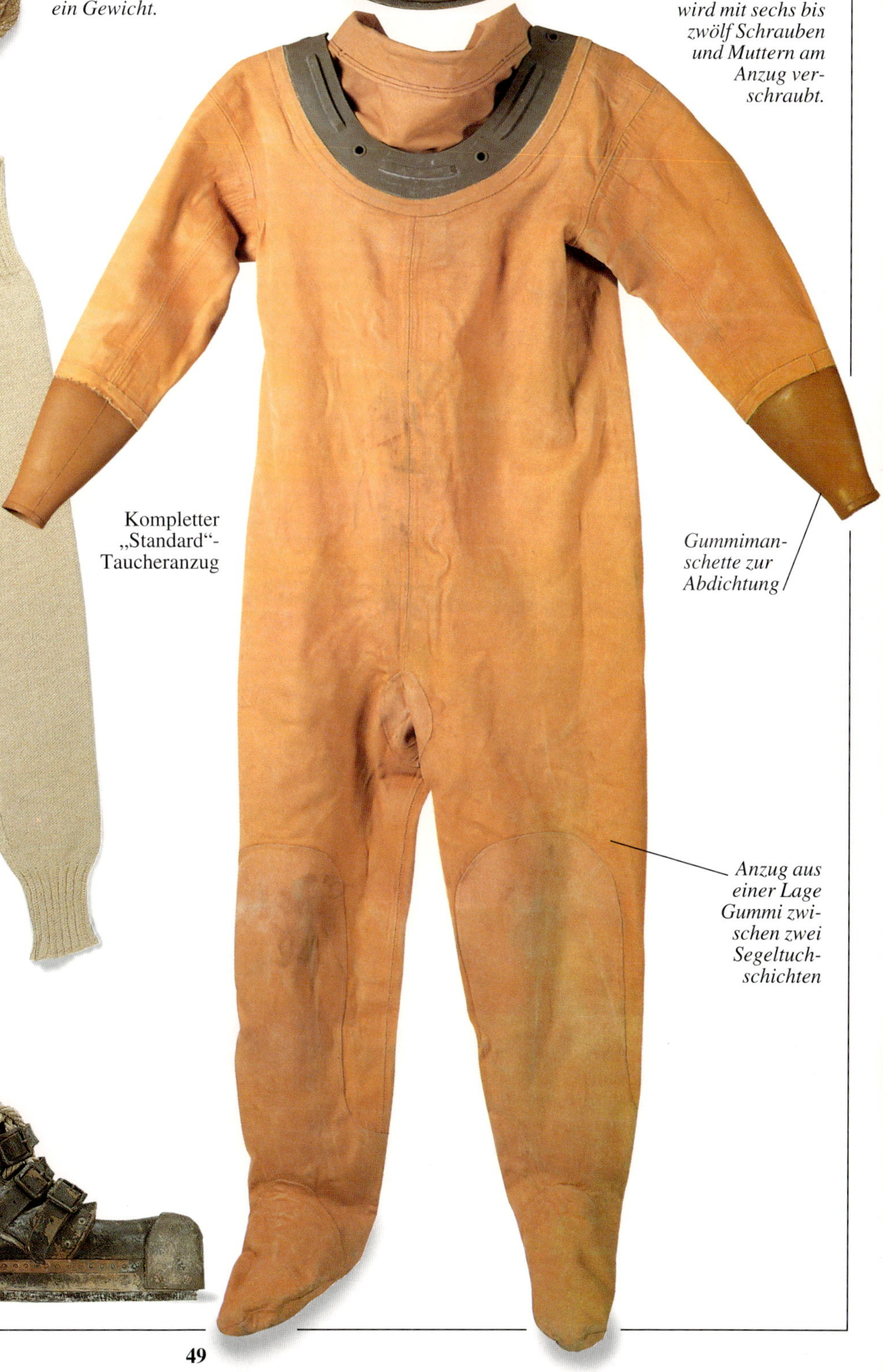

Kompletter „Standard"-Taucheranzug

*Gummimanschette zur Abdichtung*

*Anzug aus einer Lage Gummi zwischen zwei Segeltuchschichten*

*Lange Unterhosen aus Wolle wärmen und isolieren.*

*Rippenbündchen schließen dicht am Körper.*

*Jeder der beiden Stiefel wiegt 8 kg.*

*Lederstiefel mit Bleisohle ziehen den Taucher nach unten.*

# Unterseefahrzeuge

Die ersten Unterseeboote waren recht einfach konstruiert. Noch die U-Boote des Zweiten Weltkriegs operierten meist an der Oberfläche und tauchten nur bei Bedarf höchstens 120 m tief. Sie wurden über Wasser mit Diesel oder Benzin angetrieben, unter Wasser lieferten Batterien Energie. 1955 durchquerte das erste Atom-U-Boot die Meere. Mit Atomenergie können Unterseeboote weit fahren, ohne auftanken zu müssen. Heutige U-Boote sind nicht nur mit hochmodernen Waffen, sondern auch mit Sonarsystemen ausgestattet, mit denen sie unter Wasser navigieren und andere Fahrzeuge orten können. Tauchboote sind im Prinzip Miniatur-U-Boote, die sich aber nicht für weite Strecken eignen. Dafür kann man sie von einem Mutterschiff in große Tiefen herablassen und mit ihrer Hilfe den Meeresgrund erforschen.

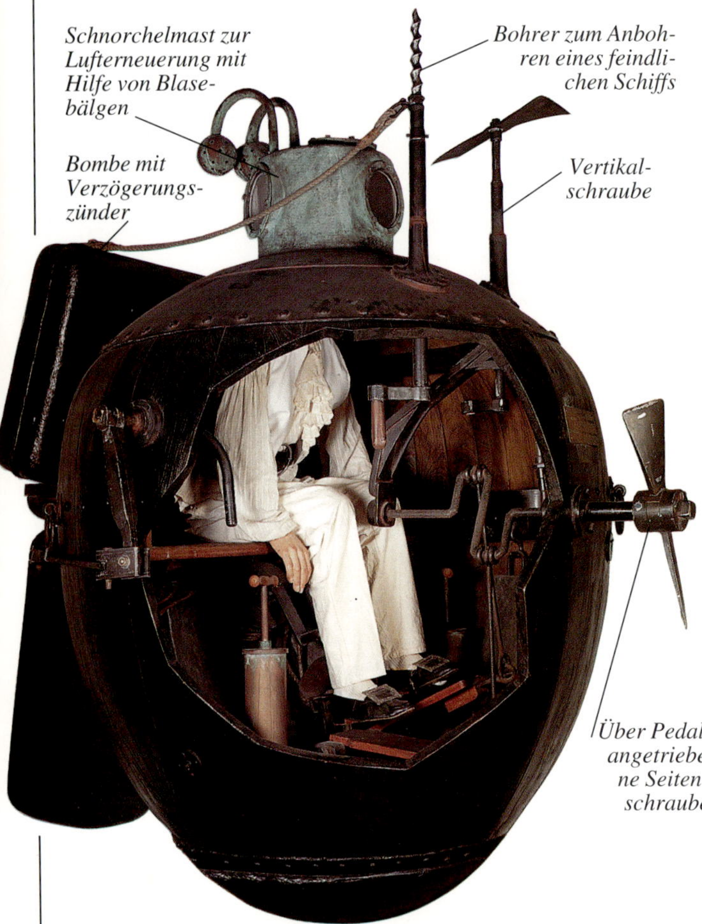


**KRIEGERISCHE SCHILDKRÖTE**
Das hölzerne Einmann-U-Boot *Turtle* („Schildkröte") wurde 1776 im Amerikanischen Unabhängigkeitskrieg eingesetzt, um einen Sprengsatz an einem englischen Schiff anzubringen, das den Hafen von New York blockierte. Der Mann im Boot erlitt eine leichte Kohlendioxidvergiftung, weil sich das Gas im U-Boot anreicherte. Er überlebte, aber die Aktion war nicht erfolgreich.

**UNTERWASSERABENTEUER**
Angeregt durch die Erfindung „moderner" U-Boote, stellte sich ein Künstler um 1900 diese Szene für das Jahr 2000 vor: ein Unterwasserausflug in einem Passagier-U-Boot. In gewisser Weise gibt es das heute tatsächlich. In kleineren Tauchbooten können Touristen z.B. im Roten Meer die Unterwasserwelt beobachten. Verbreiteter aber ist es, als Taucher oder Schnorchler auf Entdeckungsreise zu gehen.

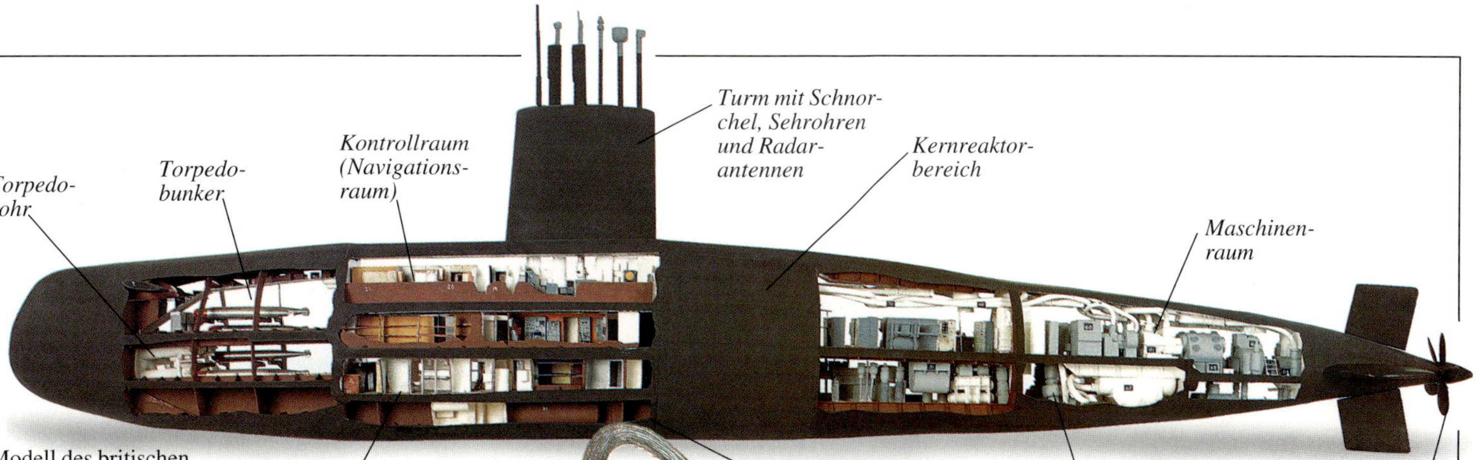


Modell des britischen U-Boots *Dreadnought*

## WALFÖRMIG

Das britische U-Boot *Dreadnought* hat nur eine Antriebsschraube am Hinterende und erinnert in der Form an einen Wal. Der Schnorchelmast sitzt an der Stelle des Blaslochs. Während ein Wal aber von Zeit zu Zeit zum Luftholen auftauchen muß, hat das U-Boot eine Klimaanlage, die es der 88köpfigen Besatzung erlaubt, wochenlang unter Wasser zu bleiben. Dieses 1960 vom Stapel gelaufene erste britische Atom-U-Boot tauchte als erstes U-Boot unter dem Nordpol hindurch. 1981 wurde es wegen Rißbildung außer Dienst gestellt.

Die Form des U-Boots entspricht der eines Pottwals.

Modell der *Argonaut Junior*, eines amerikanischen Unterseefahrzeugs (Ende 19.Jh.)

## INNENLEBEN

In einem Tauchboot ist es sehr eng, meist ist nur Platz für einen Piloten und ein bis zwei Passagiere. Bei tiefen Tauchgängen kann es innen recht kalt werden.

## BODENKRIECHER

Dieses Modell eines Unterwasserfahrzeugs, der *Argonaut Junior*, wurde 1894 in New York gebaut. Der Entwurf stammt von Simon Lake, der später auch U-Boote plante. Die *Argonaut Junior* fuhr, mit einer Handkurbel angetrieben, bei einer maximalen Tauchtiefe von 6 m über den Meeresboden. Ein Taucher mit Helm konnte aussteigen, um z.B. Muscheln zu sammeln. Der Helm war eine einfache Konstruktion aus Segeltuch und Stahl, als Sichtfenster diente ein Jachtbullauge. In einem Metalltank wurde der Luftvorrat für den Taucher mitgeführt und ihm über einen Gartenschlauch zugeleitet.

Mikroskop eines schottischen Meeresbiologen (Ende 19.Jh.)

# Meeresforschung

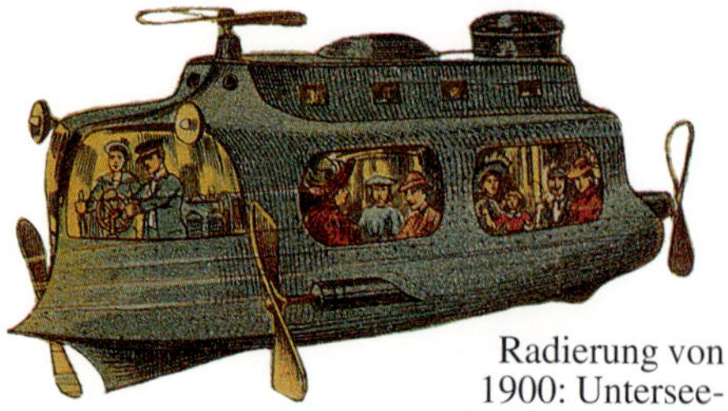

Radierung von 1900: Unterseebus im Jahr 2000

Das weite, an der Oberfläche so eintönige Meer ist seit alters geheimnisumwittert. Die Tiefe wurde früher „ausgelotet“: Man band ein Senkblei an eine Schnur, ließ es zum Meeresboden sinken und bestimmte anhand der notwendigen „Faden“länge die Tiefe (1 Faden = 1,83 m). Im Ersten Weltkrieg erfand man das Echolot, das mit dem Widerhall (Reflektion) ausgesandter Schallwellen arbeitet. Daraus entwickelten sich zunehmend ausgefeiltere Sonarsysteme wie GLORIA (s.u.). Jahrhundertelang beruhten alle Kenntnisse über das Leben im Meer auf Fängen der Fischer und an Land gespülten Tieren. Die *Challenger*-Expedition (1871–1876) förderte mit Netzfängen Tiere aus der Tiefsee zutage und bewies damit, daß es dort Leben gibt. Die Erfindung bemannter Tauchsonden ermöglichte schließlich die direkte Beobachtung des Lebens im Meer und am Meeresgrund. In den letzten 20 Jahren hat man auf diese Weise aufsehenerregende Entdeckungen gemacht, so z.B. die der Schwefel-Lebensgemeinschaften an den heißen untermeerischen Quellen (S.46–47). Erkenntnisse über das Leben in flacheren Gewässern verdanken wir vor allem der Erfindung des Taucheranzugs (S.48–49). Trotz all dieser modernen Methoden steht die Erforschung weiter Teile der Weltmeere jedoch noch aus.

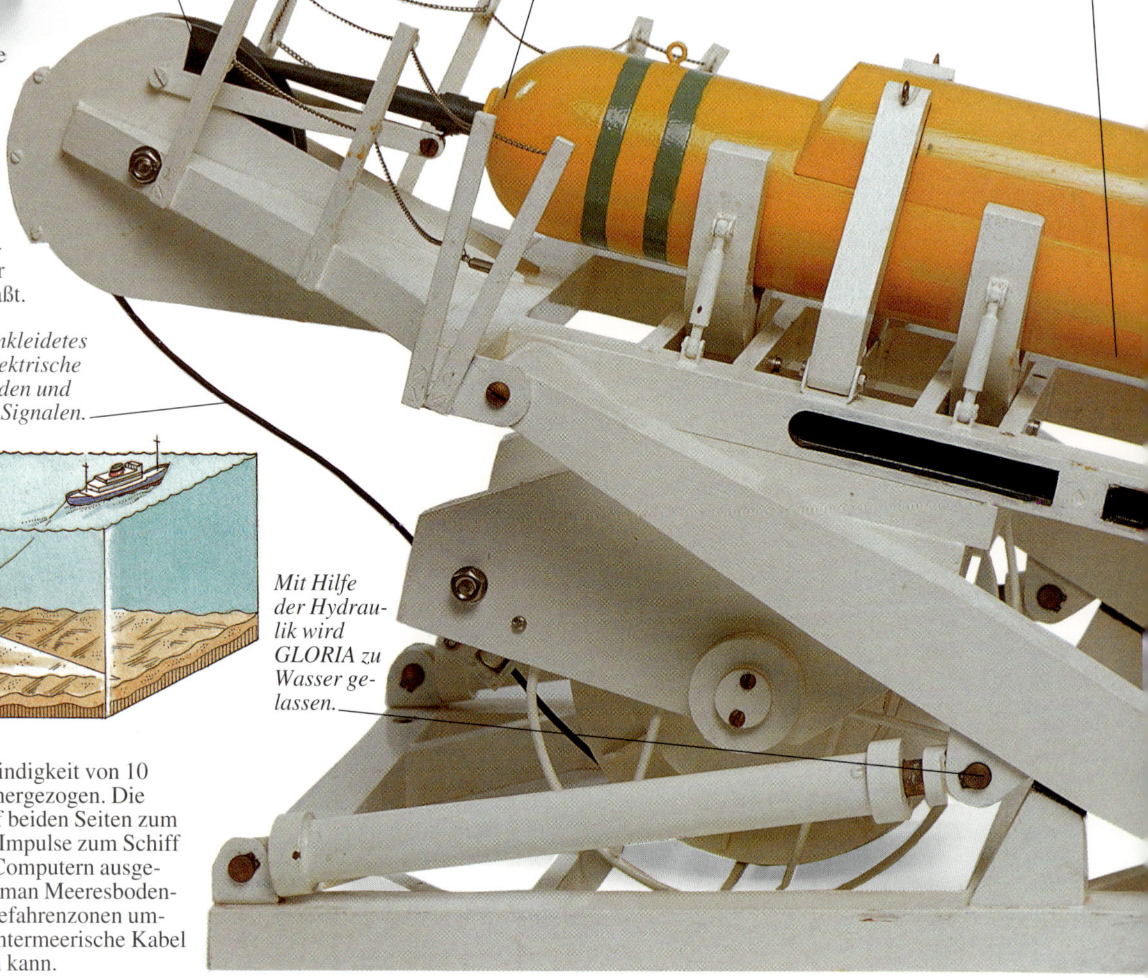


**GLORIA**
steht für „Geological Long Range Inclined Asdic“ und ist ein kombiniertes Seitensicht-Sonar und Fächerlot, mit dem sich die Höhen und Tiefen eines bis zu 60 km breiten Meeresbodenstreifens abbilden lassen. In seiner 20jährigen Einsatzzeit hat das 8 m lange, 2 t schwere Sonargerät zum Schleppen über 5% der Meeresbodenfläche der Welt erfaßt.

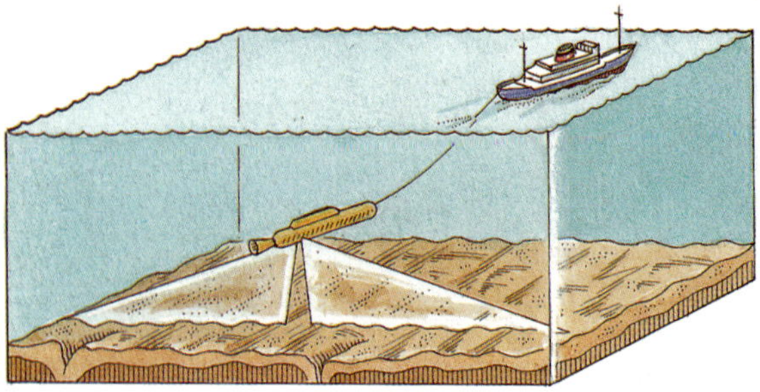

**GLORIA IM EINSATZ**
GLORIA wird mit einer Geschwindigkeit von 10 Knoten hinter dem Mutterschiff hergezogen. Die Schallimpulse strahlen 30 km auf beiden Seiten zum Meeresboden. Von da hallen die Impulse zum Schiff zurück und werden an Bord mit Computern ausgewertet. Anhand der Daten fertigt man Meeresbodenkarten an, mit deren Hilfe man Gefahrenzonen umschiffen, geeignete Trassen für untermeerische Kabel finden und Bodenschätze fördern kann.

**SCHNORCHELN**
Eine einfache Art, die Unterwasserwelt zu beobachten, ist das Schnorcheln. Der Schnorchel wird an der Tauchermaske befestigt und ragt aus dem Wasser. So kann man den Kopf unter Wasser halten und über den Schnorchel durch den Mund atmen.

*Gesichtsmaske fängt Luftschicht ein, durch die der Schwimmer die Unterwasserwelt beobachten kann.*

*Das Ende des Schnorchels ragt aus dem Wasser.*

*Über das Mundstück wird Luft ein- und ausgeatmet.*

Schnorchel

*Flossen geben beim Schwimmen Vortrieb. Mit den Armen am Körper erreicht man die beste Stromlinienform.*

Flossen zum Schnorcheln und Tauchen

*Taucher Auge in Auge mit einem Zackenbarsch*

**TAUCHEN**
Mit einer SCUBA-Ausrüstung (S.48–49) kann man das Leben in flachen Gewässern erkunden. So können Meeresbiologen Meerestiere in ihrer natürlichen Umgebung beobachten. Manche Tiere, z.B. die Hammerhaie, nehmen jedoch die Luftblasengeräusche der Taucher wahr und ergreifen dann meist die Flucht.

Deep Star *erreicht Tiefen von bis zu 1200 m.*

**TAUCHBOOTE**
Mit Tauchbooten wie dem *Deep Star* (links) unternimmt man heute Forschungsexpeditionen. 1934 tauchten die Amerikaner Beebe und Barton mit ihrer Tauchkugel 923 m tief. Den Tiefenrekord hält Jacques Piccard, der 1960 in seinem Bathyskaph *Trieste* bei 10.912 m den Grund des Marianengrabens erreichte.

*Die Tauführung wird beim Einholen von GLORIA benutzt.*

*GLORIA kann täglich 20.000 km² erkunden.*

*Die Startrampe wiegt etwa 13 t.*

# Wracks

Seit der Mensch die Meere befährt, sind immer wieder Schiffe gesunken. Sand und Schlick bedecken hölzerne Schiffswracks auf dem Meeresgrund und konservieren sie. Die Ablagerungen schützen vor Sauerstoff, der für die Zersetzung notwendig ist. Metall aber wird vom Meerwasser angegriffen. So wird der stählerne Rumpf der *Titanic* wohl in hundert Jahren zerfallen sein. In flacheren Gewässern erobern Pflanzen und Tiere die Wracks als Lebensraum. Auf dem Rumpf wachsen Algen, Korallen und Schwämme, im Bauch des Schiffs finden Fische Unterschlupf. Wracks und die Gegenstände, die sie bergen, erzählen uns viel über die Zeit, in der die betreffenden Schiffe die Meere befuhren. Die Dinge, die man zutage fördert, werden vom Meersalz befreit und konserviert, ehe man sie genauer untersucht. Schatzsucher, die sich weniger neue Erkenntnisse als vielmehr Reichtümer erhoffen, können großen Schaden anrichten.

**GOLD UND SILBER**
Diese spanischen Münzen waren einst begehrte Piratenbeute. Bei Schiffsunglücken landeten viele auf dem Meeresgrund.

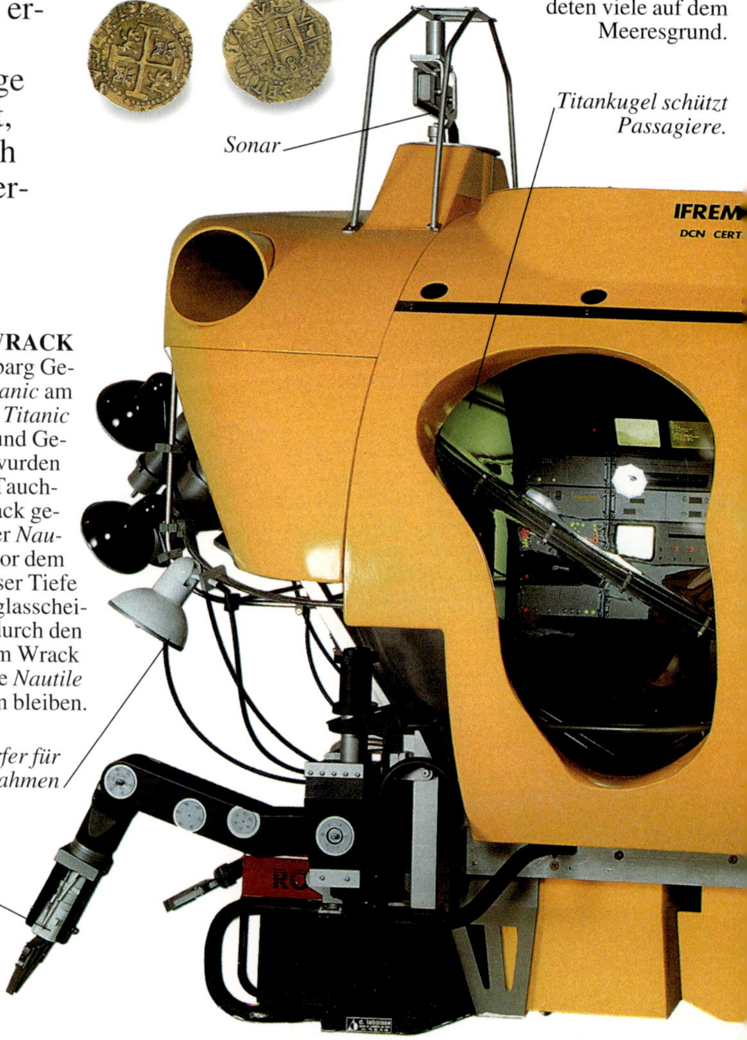


**REISE ZUM WRACK**
Das französische Tauchboot *Nautile* barg Gegenstände, die um das Wrack der *Titanic* am Meeresboden verstreut lagen. Als die *Titanic* sank, brach der Rumpf in zwei Teile, und Gegenstände aus dem Schiffsinneren wurden überallhin verstreut. Nur mit einem Tauchboot konnte man 3780 m tief zum Wrack gelangen. Die dreiköpfige Besatzung der *Nautile* sitzt in einer Titankugel, die sie vor dem gewaltigen Wasserdruck in dieser Tiefe schützt. Die dicken, gewölbten Plexiglasscheiben werden bei so einem Tauchgang durch den Druck plattgedrückt. Die Fahrt zum Wrack dauert eineinhalb Stunden, und die *Nautile* kann acht Stunden unten bleiben.

**SCHATZSUCHE**
1892 arbeiteten Taucher am Wrack der vor Le Havre/Frankreich gesunkenen *L'Abeille*. Immer wieder bergen Menschen Wracks wegen deren wertvoller Fracht.

**DAS UNSINKBARE SCHIFF**
1912 unternahm die *Titanic* ihre Jungfernfahrt von England nach New York. Sie galt als unsinkbar. Doch nach vier Tagen stieß sie mit einem Eisberg zusammen und sank in 160 Minuten. Nur 705 der 2228 Menschen an Bord wurden gerettet. 1985 entdeckte ein französisch-amerikanisches Team das Wrack mit Hilfe einer ferngesteuerten Videoausrüstung. Seither sind außer der *Nautile* auch die Tauchboote *Alvin* (USA) und *Mir* (Rußland) zum Wrack getaucht.

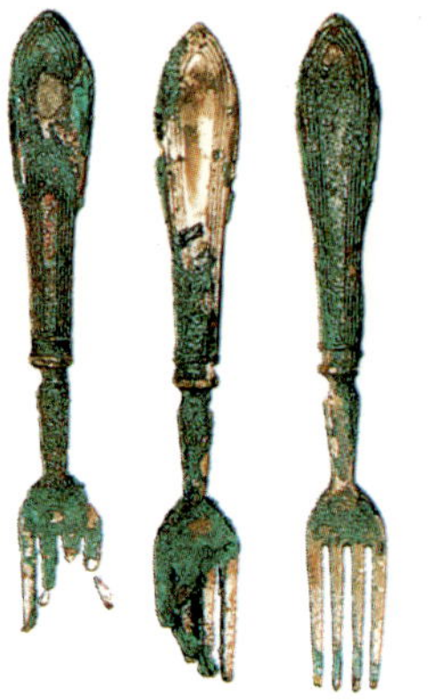

**TRAURIGE ERINNERUNGEN**
Viele Dinge, die von der *Titanic* geborgen wurden, waren nicht besonders wertvoll, sondern Gegenstände des täglichen Gebrauchs. Knöpfe oder Besteck erinnern an die Opfer.

*Gold, Diamanten und Perlen aus dem Wrack der* Tolossa *vor Hispaniola*

**FLUGZEUGWRACK**
Dieser japanische Doppeldecker, den man vor der Küste von Papua-Neuguinea im Pazifik entdeckt hat, ist ins Meer gestürzt. Besonders berüchtigt ist das Bermudadreieck im Atlantik, weil dort viele Schiffe und Flugzeuge auf geheimnisvolle Weise verschwunden sind.

**VERSUNKENER SCHATZ**
Diese Juwelen gehören zu den vielen Wertsachen, die man in den 1970er Jahren vom Wrack der spanischen Galeone *Tolossa* geborgen hat. 1724 wurde das Schiff auf dem Weg nach Mexiko bei einem Hurrikan gegen ein Riff geschleudert. Die geborgenen Gegenstände zeigen, daß die Spanier im 18.Jh. Luxusgüter in ihre amerikanischen Kolonien exportierten. Weiterhin fand man Kanonen aus Messing, eiserne Kanonenkugeln und Hunderte von Perlen.

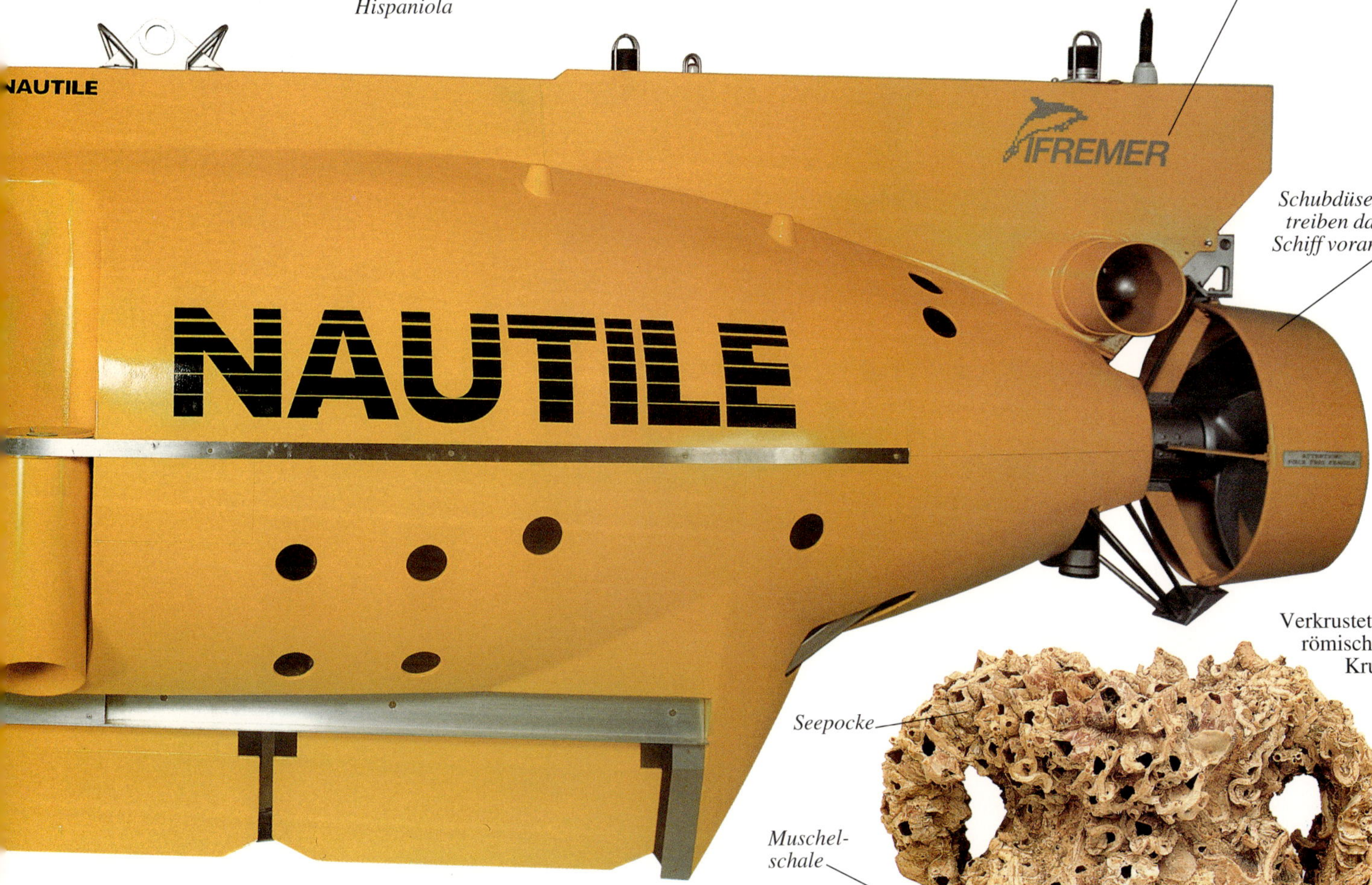


*Die* Nautile *ist 8 m lang.*

*Schubdüsen treiben das Schiff voran.*

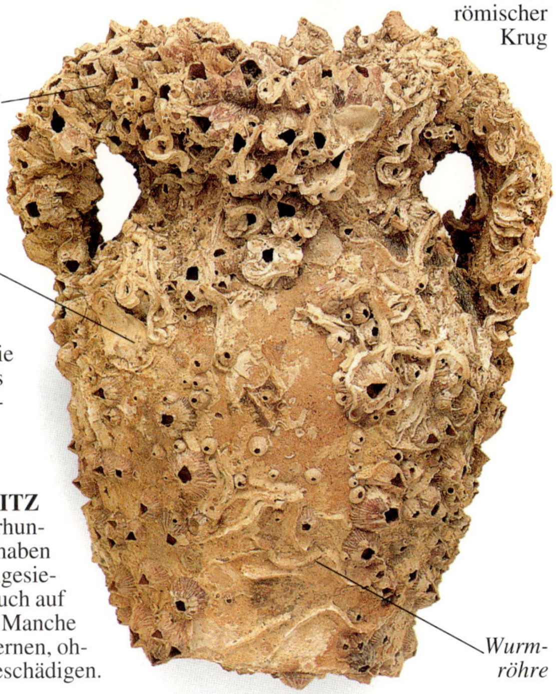

Verkrusteter römischer Krug

*Seepocke*

*Muschelschale*

*Wurmröhre*

**VERSUNKENES LAND**
Dieses Plakat wirbt für einen Film über die versunkene Stadt Atlantis. Dieser Mythos hat vielleicht einen wahren Kern: nach einem Erdbeben versank 1450 v.Chr. eine griechische Insel im Meer.

**SCHÖNER WOHNSITZ**
Auf diesem römischen Krug, der jahrhundertelang auf dem Meeresgrund lag, haben sich Seepocken und Röhrenwürmer angesiedelt. Viele Felsbewohner lassen sich auch auf Schiffswracks oder Tonkrügen nieder. Manche Aufwüchse kann man nur schwer entfernen, ohne den Gegenstand darunter zu beschädigen.

# Fischerei und Fischzucht

Jährlich werden weltweit etwa 70 Mio. t Fisch angelandet. Nur ein geringer Teil davon wird von kleinen Fischerbooten in Landnähe mit von Hand ausgeworfenen Netzen gefangen. Der weitaus größte Teil wird auf hoher See von Flotten moderner Fangschiffe eingeholt und oft schon auf See verarbeitet. Manche Fische fängt man mit hakenbesetzten Schleppleinen, andere mit großen Schleppnetzen oder kilometerlangen Treibnetzen. Moderne Fischereischiffe können mit Sonar Fischschwärme ausfindig machen. Selbst Tiefseefische werden heute mit Grundschleppnetzen noch aus bis zu 1000 m in großer Zahl gefangen. So haben Fische kaum noch eine Möglichkeit zu entkommen. Viele besorgte Stimmen werden laut, daß heute zu viele Fische gefangen werden, denn die Bestände brauchen lange, um sich zu erholen. Der Kampf um Fischereirechte und Marktanteile ist hart, und es ist nicht einfach, als Fischer seinen Lebensunterhalt zu verdienen. Einige Arten wie den Lachs kann man heute allerdings züchten und so der großen Nachfrage gerecht werden.

**1 AUS DEM EI**
Lachse beginnen ihr Leben in Flüssen. Dort schlüpfen sie aus Eiern, die die Elterngeneration in flache Kiesmulden gelegt hat. Die Larven ernähren sich vom Dotter im Dottersack am Bauch.

**2 JUNGLACHSE**
Nach ein paar Wochen ist der Dotter aufgebraucht, der Dottersack verschwunden. Der kleine Lachs ernährt sich nun von kleinen Insekten im Fluß. Etwa ein Jahr bleibt der Junglachs im Fluß, ehe er sich als Silberlachs auf den Weg ins Meer macht.

**3 IM MEER**
Atlantische Lachse ernähren sich im Meer bis zu vier Jahre von anderen Fischen und legen dabei jährlich mehrere Kilo Gewicht zu. Die erwachsenen Lachse kehren dann zum Laichen in ihre Heimatflüsse zurück. Dabei orientieren sie sich an Wegmarken, u.a. dem „Duft“, den das Wasser aufgrund seiner bestimmten Mineralstoffzusammensetzung hat.

**FISCHZUCHT**
Lachse gehören zu den wenigen Meeresfischen, die man erfolgreich züchten kann. Junge Lachse werden in Süßwasser aufgezogen. Wenn sie groß genug sind, setzt man sie in schwimmenden Behältern im Meer aus – in relativ ruhigen Gewässern, wo sie nicht weggerissen werden. Damit sie schnell wachsen, erhalten die Lachse regelmäßig Trockenfutter. Man muß auch darauf achten, daß sich keine Krankheiten ausbreiten.

Blaurückenlachse (eine der sieben Arten Pazifischer Lachse)

## HOCHZEITSSTAAT

Wenn die Lachse zum Laichen in die Flüsse schwimmen, ändern sich ihre Form und Farbe. Bei den Männchen entwickeln sich Hakenkiefer, der Körper der Weibchen schwillt mit Eiern an.

## TÖDLICHE MAHLZEIT

Kugelfische, auch Pufferfische genannt, gelten in Japan als Delikatesse. Ihr Fleisch muß aber mit großer Sorgfalt zubereitet werden, weil bestimmte Organe ein tödliches Gift enthalten. Im Meer sind die Gifte für die Fische ein Schutz vor dem Gefressenwerden.

Zeichnung von einem Atlantischen Dorsch (Kabeljau)

## BELIEBT

Kabeljau ist einer der wichtigsten Speisefische, sei es als Fischfilet oder Fischstäbchen. Er lebt am Grund des Kontinentalschelfs. Man fängt ihn mit Schleppnetzen.

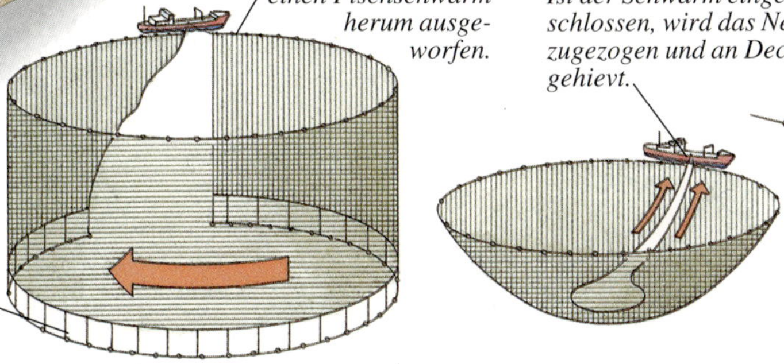


Ringnetz (Drehwade)

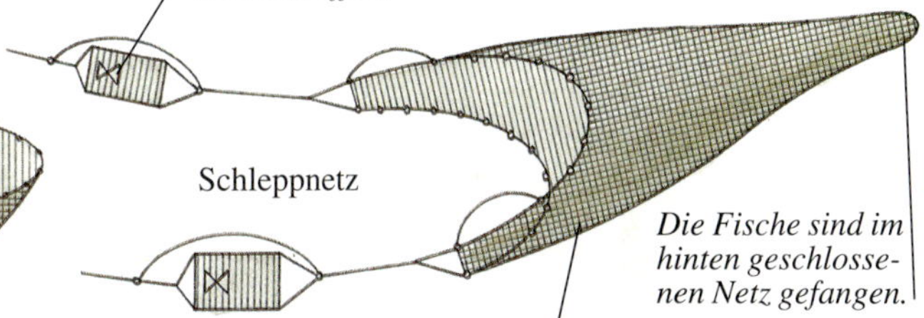


Schleppnetz

## INS NETZ GEGANGEN

Mit solchen Fischdampfern fing man in den 40er/50er Jahren im Nordatlantik vor Grönland und Island Fische. Die Netze wurden nicht wie bei modernen Trawlern über eine Heckaufschleppe ausgefahren, sondern an den Seiten ausgeworfen.

Der Seitentrawler *John Henry* aus Grimsby/England

# Meeresprodukte

Seit alters ernten die Menschen die Früchte des Meeres: Fische, Krebse (Garnelen, Krabben, Hummer), Weichtiere (Muscheln, Tintenfische), mancherorts auch Seegurken und Quallen. Pflanzliche Produkte gibt das Meer ebenfalls her. So werden Algen als Gemüse gegessen und zu Verdickungsmitteln für verschiedene Nahrungsmittel verarbeitet. Auch Gebrauchs- und Schmuckgegenstände stammen aus dem Meer, wenngleich viele (wie Perlmuttknöpfe und Badeschwämme) heute vielfach durch künstliche Produkte ersetzt werden. Manche wirtschaftlich interessante Tiere und Pflanzen kann man heute in Meerwasserfarmen züchten, z.B. Riesenmuscheln (wegen der hübschen Schalen), Miesmuscheln (als Nahrung), Austern (wegen der Perlen) und Algen. Die Zucht ermöglicht die Produktion großer Mengen, ohne daß den natürlichen Lebensgemeinschaften im Meer Schaden zugefügt wird.

*Mit Purpurschneckenfarbstoff gefärbtes Garn*

**PURPUR**
Früher färbte man die Purpurgewänder der Könige mit Farbe, die man aus verschiedenen Meeresschnecken gewann. Dazu mußten Unmengen von Schnecken ihr Leben lassen, und der Farbgewinnungsprozeß war aufwendig und übelriechend. Die abgebildete *Purpura patula* ist eine mittelamerikanische Purpurschneckenart.

Griffelseeigel aus tropischen Korallenriffen des Indopazifik

*Kurze, platte Stacheln rund um den Mund*

*Die dicken Stacheln schützen vor Feinden.*

*Auf der Unterseite erkennt man fünf kräftige weiße Zähne.*

*Stacheln helfen dem Seeigel auch beim Laufen und Festhalten.*

**GRIFFELSEEIGEL**
Seine Stacheln wurden früher als Griffel benutzt, mit denen man auf Schiefertafeln schrieb. Heute stellt man aus den Stacheln Windspiele her: Bei Wind schlagen die an Fäden aufgehängten Griffel klangvoll aneinander. Die lebenden Seeigel benutzen ihre Stacheln u.a. zum Laufen am Meeresgrund.

*Durch entsprechende Behandlung wird das Badeschwammskelett weich.*

**ANGENEHM WEICH**
Badeschwämme wachsen zwischen Seegräsern in sandigen Riffbuchten und sind vor der Behandlung von schleimigem lebendem Gewebe überzogen. Die hauptsächlich im Mittelmeer, in der Karibik und im Pazifik gesammelten Schwämme sind durch Krankheiten und zu starkes Sammeln gefährdet.

**ALGENFARM**
In Japan verwendet man Algen für Cracker und zum Umhüllen von Rohfisch. Rotalgen werden im Meer auf Bambuspfosten gezüchtet, gesammelt und getrocknet. Agar, eine gelatineartige Substanz aus Rotalgen, wird zum Eindicken von Speisen und in der medizinischen Forschung (u.a. für Bakterienzuchten) verwendet.

**PERLENPRACHT**
Perlen werden von Muscheln gebildet, wenn ein Fremdkörper, z.B. ein Sandkorn, zwischen Schale und Mantel (Haut) der Muschel gerät. Der Mantel scheidet dann Perlmutt ab, das den Fremdkörper umhüllt. Das macht man sich bei der Perlenzucht zunutze: Man „impft" den Muscheln Fremdkörper ein. Viele Muscheln produzieren Perlen, doch nur die mit einer schimmernden Perlmuttschicht sind als Schmuckperlen begehrt.

Zweireihige Kette aus blauen Perlen

**SALZPFANNEN**
Wenn Meerwasser verdunstet, bleibt eine Salzkruste zurück. Meersalz wird gewonnen, indem man flache Teiche (Pfannen) voll Meerwasser laufen läßt, das dann in der heißen Sonne verdunstet. Solche Salinen gibt es in heißen, trockenen Regionen. Meersalz besteht vor allem aus Natriumchlorid, aber es enthält auch Spuren von Sulfat, Magnesium, Kalzium und Kalium.

*Die Muschel kann die Schalen fest schließen.*

*Brüchige Schale*

Die Große Steckmuschel aus dem Mittelmeer wird bis zu 60 cm lang.

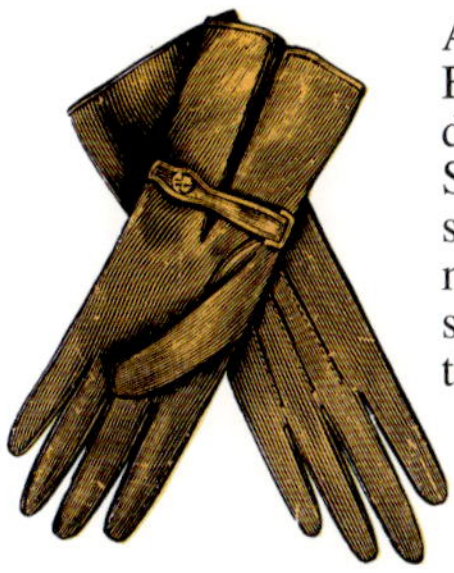

Aus den Byssusfäden der Steckmuschel kann man Handschuhe fertigen.

*Byssusfäden zur Verankerung im Meeresboden*

**GOLDENE FÄDEN**
Die Steckmuschel scheidet Byssusfäden ab, mit denen sie sich in Sandböden verankert. Diese spann man früher zu feinem goldenem Garn, aus dem man dann Stoff webte. Manche glauben, dieser Stoff habe zu der griechischen Sage vom Goldenen Vlies geführt. Darin ist das Vlies allerdings das Fell eines geflügelten Widders.

Silberkreuz mit eingelegtem Seeohrperlmutt

*Durch die Löcher werden Wasser und Abfallstoffe ausgeschieden.*

**REGENBOGENFARBEN**
Seeohrperlmutt schillert in allen Farben des Regenbogens. Man macht daraus Schmuck und Knöpfe. Die Schnecken sind bei den Maori Neuseelands begehrt als Schmuck und Geld. Die Schnecke wird auch gegessen. Mit dem muskulösen Fuß klammert sie sich am Meeresboden fest.

# Öl- und Gasförderung

Unter dem Meer liegen große Erdöl- und Erdgaslager. Um diese Lagerstätten auszubeuten, muß man erst einmal wissen, wo man bohren muß. Öl und Gas finden sich nur in bestimmten Gesteinen, und diese dürfen nicht zu tief liegen, damit man Bohrungen vornehmen kann. Geologen suchen die Lager mit Hilfe von Druckwellen. Anhand der zurückgeworfenen Signale können sie die Gesteinsarten unterscheiden. An geeigneten Stellen führt man dann Probebohrungen durch, um zu sehen, wieviel Öl welcher Qualität zu erwarten ist. Erweist sich die Stelle als vielversprechend, ersetzt man den provisorischen Bohrturm durch eine größere Förderplattform, die fest im Meeresboden verankert wird. Das Öl wird von Speichertanks in Tankschiffe umgefüllt oder über Pipelines an Land gepumpt. Wenn alte Quellen versiegen, muß man neue finden, denn Erdgas und Erdöl sind heute die wichtigsten Energielieferanten. Doch die Vorkommen sind begrenzt. Die größten küstennahen Erdölfelder liegen in der Nordsee, im Golf von Mexiko, im Persischen Golf sowie vor Südamerika und Asien.

**TOD UND VERWESUNG**
Aus unter Schlamm begrabenen Resten von Einzellern am Boden urzeitlicher Meere wurde unter Hitze und Druck Öl und dann Gas, die durch poröses Gestein aufstiegen und von undurchlässigem Gestein eingeschlossen wurden.

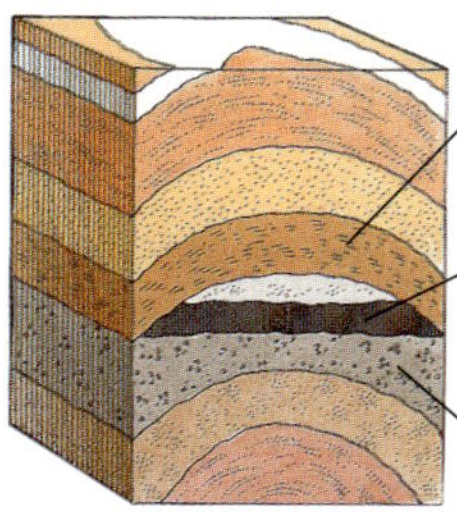

Entstehung von fossilen Brennstofflagern

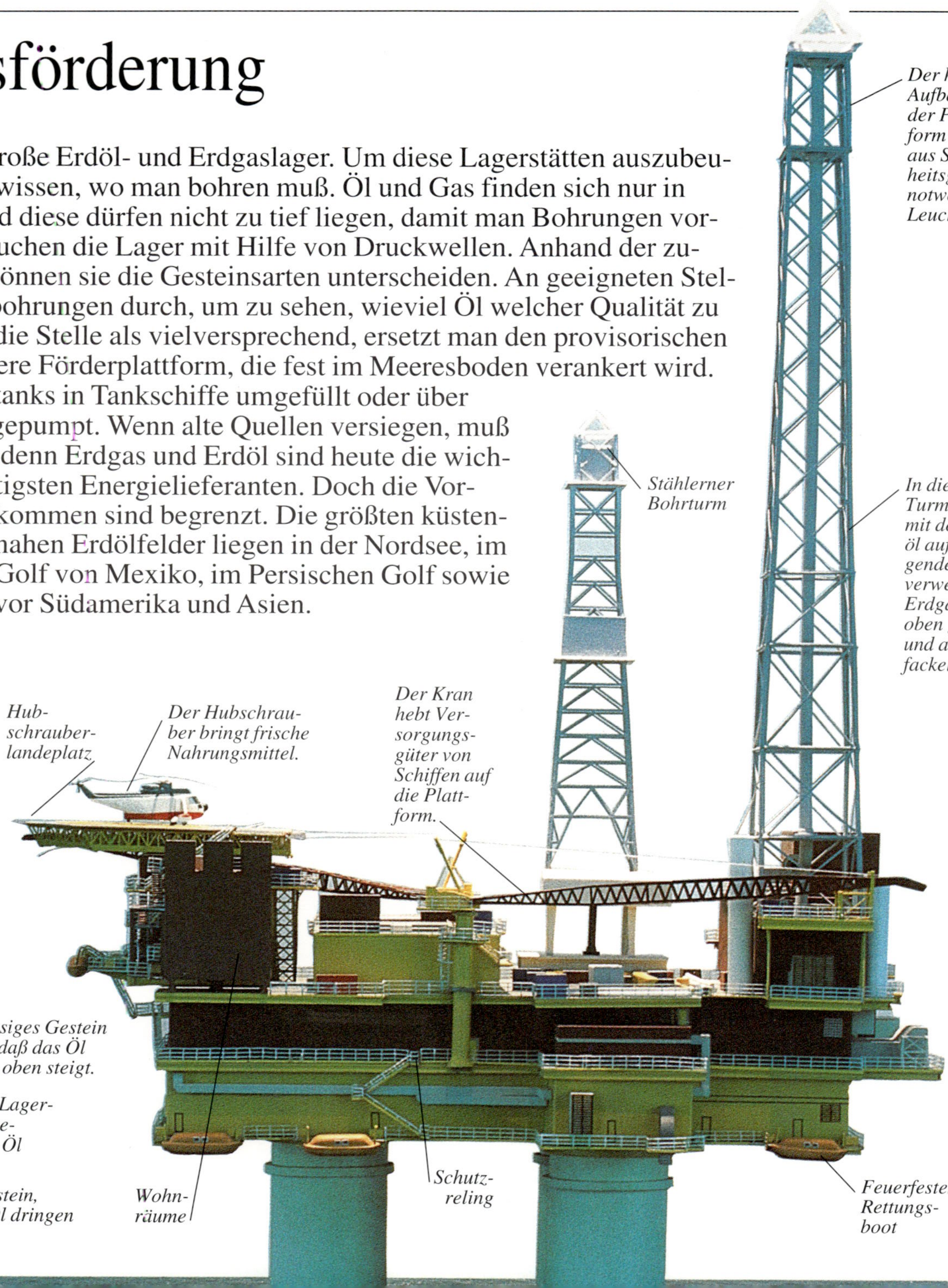

**FEUER!**
Bei einem Unglück auf der *Piper-Alpha*-Plattform in der Nordsee (1988) kamen 167 Menschen ums Leben. Seither sind die Sicherheitsvorkehrungen noch verschärft worden.

**MILCHMANN**
Hubschrauber beliefern Ölplattformen auf hoher See mit Nahrungsmitteln. Auf so einer Ölplattform arbeiten bis zu 400 Menschen. Alle paar Wochen bringt der Hubschrauber sie zum Urlaubmachen an Land.

**ÖLPLATTFORM**
Ölplattformen werden abschnittsweise an Land hergestellt. Der größte Abschnitt wird aufrecht in den Meeresgrund gerammt, dann werden die Wohnbereiche angehängt. In einem Bohrturm sitzen Bohrröhren mit starken Bohrköpfen. Durch die Röhren wird besonderer Schlamm gepumpt zum Kühlen des Bohrkopfes, zum Auswaschen des Bohrstaubs, und um zu verhindern, daß Öl herausspritzt. Ölplattformen (Bohrinseln) fördern Öl und Gas.

*Die massive Unterkonstruktion soll Wind und Wellen standhalten.*

*Zylindertanks mit Sauerstoff auf dem Rücken*

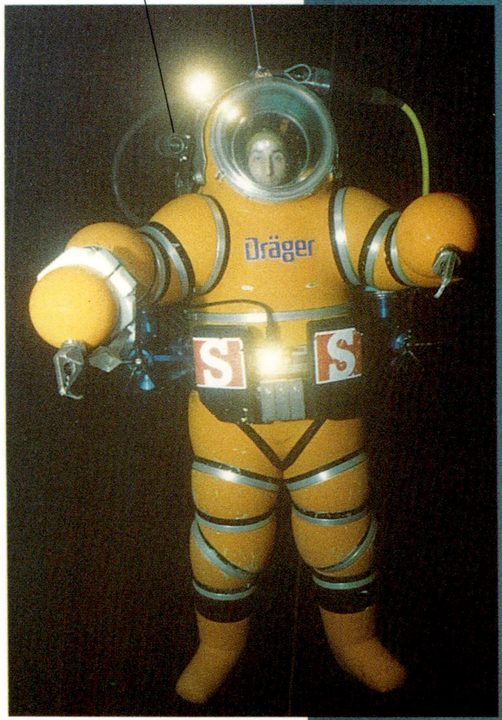

**NEWTSUIT**
Der in den 80er Jahren entwickelte „Newtsuit" besteht aus Aluminium und hat wasserdichte Gelenke aus Teflon und Titan. Er hält einen Druck von bis zu 50 bar aus, und man kann damit bis zu 365 m tief tauchen. Eine Dekompression ist in solch einem Anzug nicht nötig, denn der Taucher atmet normale Luft – wie in einem Tauchboot.

**BEI DER ARBEIT**
Auf einer Ölplattform: Einige Leute arbeiten an Deck, andere im Inneren der Plattform an Computern. Geologen untersuchen Gesteins-, Öl- und Gasproben, Mechaniker halten die Maschinen in Gang, und es gibt Köche und Reinigungspersonal.

**AM GRUND**
Taucher ohne „Newtsuit" können länger unter Wasser arbeiten, wenn sie nach getaner Arbeit in eine Druckkammer gehen und den Druck erst nach einer mehrtägigen Schicht ausgleichen.

Schmuck aus Zähnen des Großen Weißhais, der heute mancherorts unter Schutz steht

# Gefährdung der Meere

Die Meere und die Lebewesen in ihnen sind heute stark gefährdet. Über Abwässer und Industriemüll gelangen Giftstoffe ins Meer, die sich in der Nahrungskette anreichern. Öl aus Tankern und Bohrinseln kann das Leben in weiten Bereichen auslöschen. Schildkröten und Seevögel ersticken an Plastikabfällen. Seevögel und Meeressäuger ertrinken, weil sie sich in Treibnetzen verfangen. Aufgrund von Überfischung sind viele Wal- und Fischarten fast verschwunden. Der Souvenirhandel trägt zur Zerstörung der Korallenriffe bei. Doch heute kennt man die Zusammenhänge. Gesetze sollen die Verschmutzung der Meere stoppen, Abkommen zum Schutz der Meereslebewesen werden geschlossen, und die Menschen können in Unterwasserparks die Meereswelt beobachten, ohne sie zu zerstören.

Perlmuttschicht

Herzmuscheln

**EIN HERZ FÜR MUSCHELN**

Viele Menschen sammeln Muschelschalen und Schneckengehäuse, weil sie so hübsch sind. Die Schalen, die man im Laden kaufen kann, stammen meist von lebenden Tieren. Wenn zu viele lebende Muscheln gesammelt werden, sind die Bestände bedroht. Muscheln zum Verzehr sollte man daher von Muschelfarmen kaufen und leere Schalen im Spülsaum am Strand sammeln. Doch in einigen Naturreservaten ist auch das Sammeln leerer Gehäuse verboten.

**ÖLSCHLAMM**

Öl braucht man in der Kunststoffindustrie und als Kraftstoff. Daher werden große Mengen in Riesentankern über die Meere gebracht oder in Pipelines durchs Meer transportiert. Immer wieder kommt es zu Unfällen, bei denen gewaltige Ölmengen sich teppichartig auf dem Meer ausbreiten. Seevögel und Meeressäuger sterben, weil Federn und Haare verkleben und nicht mehr vor Kälte schützen. Auch die Atemwege werden geschädigt.

**SCHÖNHEIT BEWAHREN**

Es gibt heute noch sechs Nautilusarten im Indopazifik, doch sie sind gefährdet, weil sie als Sammelobjekte sehr begehrt sind. Gejagt werden sie nachts, wenn sie an die Oberfläche kommen. Aber es werden auch leere Gehäuse gesammelt, die ebenfalls nach oben steigen und dann auf dem Wasser treiben. Die Perlboote wachsen nur sehr langsam; erst nach sechs Jahren oder später werden sie geschlechtsreif. Daher sind die Bestände schnell geschädigt.

## WALFANG

Seit Jahrhunderten werden Wale wegen ihres Fleischs, ihres Öls und der Knochen gefangen. Walöl (Tran) wurde früher zu Margarine, Seife und Kerzen verarbeitet und als Schmiermittel verwandt. Aus den Barten wurden Bürsten hergestellt. Das Abschlachten der Wale im großen Maßstab mit großen Walfangschiffen hat ihre Zahl drastisch reduziert. Heute stehen die meisten Arten unter Schutz, doch viele Wissenschaftler bezweifeln, daß sich die Bestände je wieder erholen. Manche Walarten, vor allem kleinere, werden noch heute von einigen Ländern gejagt.

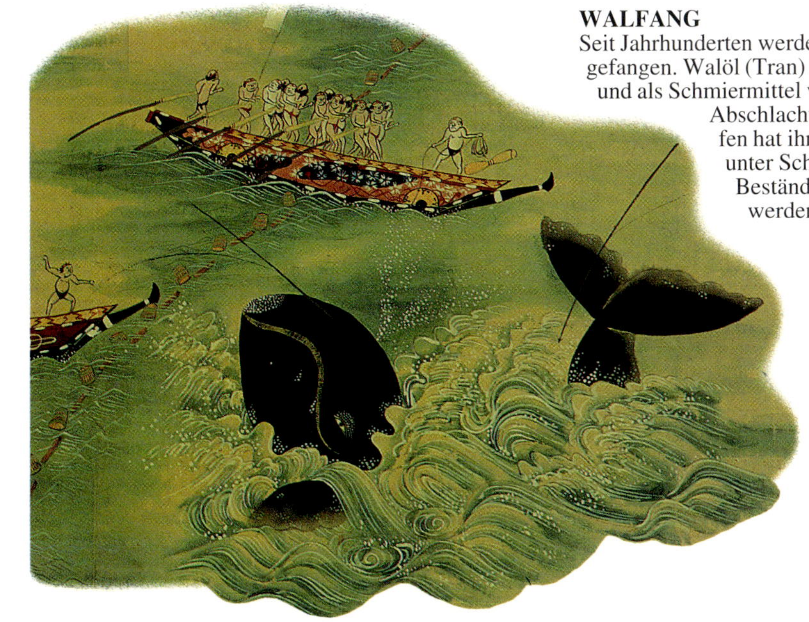

Dieses japanische Gemälde zeigt frühe Walfänger, die in kleinen Booten ihr Leben beim Walfang riskierten.

Öliger Walfleischextrakt für Margarine

Gemahlenes Walfleisch als Tierfutter

Lebertran als Vitamin-A-Lieferant

Walöl als hochwertiges Motorenöl

Schnitzereiverzierte Perlbootschale (17.Jh.)

*Verschlungenes Blattmuster*

Hier haben sich Schwämme im Roten Meer auf Eisenschrott angesiedelt.

**VORSICHT**

Einige Glasschwämme können so groß werden, daß ein Taucher darin Platz findet. Doch man sollte nicht hineinkriechen, weil der Schwamm dadurch beschädigt werden kann. Ein Schwamm dieser Größe ist möglicherweise 100 Jahre alt. Viele Lebewesen des Meeres sind empfindlicher, als sie auf den ersten Blick wirken. So können Korallen absterben, wenn Taucher sie beschädigen. Müll landet auf dem Meeresboden, selbst in der Tiefsee. Manches wird von Lebewesen überwachsen oder abgebaut, doch vor allem einige Kunststoffe sind sehr hartnäckig und gefährlich.

# Register



# Bildnachweis

o = oben, u = unten, m = Mitte, l = links, r = rechts

American Museum of Natural History 11ol (Nr. 419(2)).
Heather Angel 38um.
Ardea/Val Taylor 62ol.
Tracey Bowden/Pedro Borrell 55om.
Bridgeman Art Library/Prado, Madrid 9or; Uffizien, Florenz 16or
British Museum 54or.
Cable & Wireless Archive 44or.
Bruce Coleman Ltd./Carl Roessler 22m; Frieder Sauer 26or; Charles und Sandra Hood 27om; Jeff Foott 28or, 56or; Jane Burton 38ul; Michael Roggo 57ol; Orion Service & Trading Co. 58ur; Atlantide SDF 59or; Nancy Sefton 63ur.
Steven J. Cooling 61or.
Mary Evans Picture Library 11or, 12or, 19ol, 20ol, 28ol, 33or, 34or, 40ml, 45or, 48or, 49ol, 50ul, 52or, 54m, 60ol.
Ronald Grant Archive 42ml, 55ul.
Robert Harding Picture Library 25ol, 32or, 32um, 39ur, 57or, 63ol.
Institute of Oceanographic Sciences 46lm.
© Japanese Meteorological Agency/Meteorological Office 12l.
Frank Lane Photo Agency/M. Newman 11ur.
Simon Conway Morris 6or.
N.H.P.A./Agence Natur 44m.
Oxford Scientific Films/Toi de Roy 29or; Fred Bavendam 43ol.
Planet Earth Pictures/Peter Scoones 9ol; Norbert Wu 10–11m, 20ml, 40or, 40ol, 41ol, 42or; Gary Bell 23ur, 55or; Mark Conlin 25m, 36ur; Menuhin 29om; Ken Lucas 30ol; Neville Coleman 33mr; Steve Bloom 37m; Andrew Mounter 38ur; Larry Madin 43ur; Ken Vaughan 51mr; Georgette Doowma 63mr.
Science Photo Library/Dr. G. Feldman 26ul; Ron Church 53mr; Simon Fraser 62ul.
Frank Spooner Pictures 47or, 47mr, 54ur, 54ul, 60or, 60mr.
Stolt Comex Seaway Ltd. 61l.
Tony Stone Images, Jeff Rotman 53lm.
Town Docks Museum, Hull 63or.
ZEFA 36ml, 56mo.